LITERARISCHE OSTSEE

LITERARISCHE OSTSEE

LEKTÜRE FÜR
DIE TAGE AM MEER

THIELE VERLAG

INHALT

AN DER OSTSEE

Wellen netzen den Strand,
kommen von Westen her,
tragen salzigen Ruch
über das weite Meer.

Wälder säumen das Land,
Wiesen breiten sich aus,
unter das falbe Dach
duckt sich ein Fischerhaus.

Muscheln, Steine und Tang,
Sand, der die Spur verweht,
Dünen, auf deren Grat
Knorriges Krummholz steht,

Möwen im jähen Flug,
Sonne, Wolken und Wind –
Kamst du als Gast hierher,
lebtest du hier als Kind,

ach, das Herz wird dir weit,
fasst soviel Schönheit kaum ...
Horch, das Rauschen der See
Füllt den unendlichen Raum!

—— ANNEMARIE KOFFLER

NATURSTIMMUNG

Schönste Naturstimmung. Alles fein, sacht, piano. Weißgraue Wölkchen am Himmel. Bäume, Hügel, Häuser, Schiffe in zartem Schleiergespinst, verschwommen mit Wasser und Himmel. Nicht sonnig und nicht trübe, nicht hell und nicht dunkel war's. Weich und kühl. Der Zauber der Feinheit.

—— HEDWIG DOHM, *SOMMERLIEBEN*

SCHLESWIG-HOLSTEIN

Schleswig-Holstein, meerumschlungen,
deutscher Sitte hohe Wacht,
wahren treu, was schwer errungen,
bis ein schöner Morgen tagt!
Schleswig-Holstein, stammverwandt,
wanke nicht, mein Vaterland.

Von der Woge, die sich bäumt,
längs dem Belt als Ostseestrand,
bis zur Flut, die ruhlos schäumt
an der Düne flüchtgem Sand.
Schleswig-Holstein, stammverwandt,
stehe fest, mein Vaterland.

—— KARL FRIEDRICH STRASS UND
MATTHÄUS FRIEDRICH CHEMNITZ

FLENSBURG

Mittags im schönen Flensburg an der blitzenden För-
de, nachmittags in der weidestillen Landschaft An-
geln, abends in dem wundersam in die Nacht hin-
eindunkelnden Schleswig mit weißen Segeln auf der
weiten, fördeartigen Schlei – das ist die reiche Hälfte
eines Reisetages. In Flensburg erstreckt sich die För-
de mitten in die beiderseits hochsteigende Stadt, von
deren Flanken und Höhen gotische Spitztürme aufra-
gen. Bei den Schiffen am Kai ist Sonntagsbetrieb, und
es ist schwer, der Lockung zur Hinausfahrt zu wider-
stehen. Unser Weg aber geht, nachdem noch Altflens-
burger Räume und das Deutsche Haus besehen waren, das die Stadt zur Erinnerung an die Abstimmung
nach dem großen Kriege bekommen hat, in das freie
Land hinaus.

—— KONRAD WEISS, 1950

AM MEER GEBOREN

Am Meer geboren, wusste ich,
dass das Meer weich und wild ist,
schmiegsam und zugleich gefährlich,
zärtlich und grausam.

— EMMY BALL-HENNINGS, 1938

DAS MEER

Durch der Wälder grüne Dämmerungen
wandern wir auf Pfaden kreuz und quer,
und ein fernes Lied ist aufgeklungen,
und es rauscht in unserm Lied das Meer.

Von gar vielen Dingen ist die Rede
abends unter Freunden, von weit her
melden sich Geschichten, aber jede
handelt hier in diesem Land vom Meer.

Denn das Meer steht hinter allen Dingen,
sie durchdringend, und das Meer ist schwer.
Welches Tagewerk wir auch vollbringen –
hinter allen Dingen steht das Meer.

Leuchtend uns umfängt des Meeres Wille,
und ein Traumlied ewiger Wiederkehr
singt das Meer in seiner Meeresstille ...
Hinter allem steht das Meer, das Meer.

—— JOHANNES R. BECHER

KIEL

Ein Morgenspaziergang durch Düsternbrook nach der Mündung des Kanals und an diesem hinauf bis nach Knoop ist ein Genuss, den zehn Seestädte nicht gewähren.

—— JOHANN GOTTFRIED SEUME, 1805

BADEN IN KIEL

Wir sind acht Tage dort gewesen. Weil ich in der großen Hitze, die wir hatten, ohne Baden die Freude des Wiedersehens nur halb würde genießen können, haben wir manchen Tag zweimal dem Kieler Jungfernstieg gegenüber, an einer Stelle, wo sich die Küste erhebt, gebadet.

—— FRIEDRICH GOTTLIEB KLOPSTOCK, 1776

KIEL, VOLL VON HOFFNUNGEN

Kiel liegt etwas kleinstädtisch, obgleich nahebei gesehen, diese Physiognomie ziemlich verschwindet ... Ein lebhaftes Gewühl beherrscht oft bei dem Ankommen und Abfahren der Züge und Dampfschiffe den weiter an die alte Stadt stoßenden Stadtteil. Am lebhaftesten aber ist das Gewühl und wahrhaft großstädtisch in den berühmten Märkten der Stadt, besonders dem gefeierten Kieler Umschlag, wo alle großen Schuldner und Kreditoren des Landes hier ihr Rendezvous halten, und wo für die größeren Landwirte und Gutsbesitzer insbesondere hier seit den Jahrhunderten nach dem Sinken der Hansa der hauptsächlichste Zahlungstermin und die Hauptgeschäftstage sind.

Kiel ist mit seinen 13 572 Einwohnern voll von Hoffnungen, es ist mehr wie ein Lübeck der Zukunft, es ist eine ganze Wiege voll Größe; es hofft immer und baut immer Luftschlösser und hofft nicht bloß, sondern glaubt auch an eine große Zukunft. Der Kieler ist immer fest überzeugt, dass Kiel einst die bedeutendste Stadt des Landes, der bedeutendste Handelsplatz der Ostsee wird.

—— HERMANN BIERNATZKI, 1848

ELLERBEK

Nähert man sich dem Ufer des Meeres, so betritt man das Dorf Ellerbek, das vorzugsweise von Fischern bewohnt wird, die im Kieler Hafen manchen leckeren Fisch, besonders aber die weit und breit berühmten »Sprott« fangen, welche sich von den Bücklingen dadurch unterscheiden, dass sie kleiner, fetter und wohlschmeckender sind als jene.

—— ADELBERT VON BAUDISSIN, 1865

EINE SCHÖNE DÄNIN

»Daß die Leistungsfähigkeit der Kühe unter diesen Umständen sehr gering war«, stand in dem schönen Führer durch Dänemark, den man mir freundlicherweise im Außenministerium gegeben hatte, »ist selbstredend. Die durchschnittliche Milchleistung pro Kuh –« Gut. Wovon aber gar nichts in diesem Buche zu lesen war, das waren die Frauen des Landes.

Nordische Frauen! Was habt ihr doch für einen falschen Ruf! Da heißt es von der Französin, sie sei locker, kokett, der Liebe ergeben, und was weiß ich. Und ist doch das treueste Heimchen am Herd, das sich denken läßt – es gibt keinen Frauenberuf in Frankreich – keinen! oh, ihr nordischen Schwestern – in dem das nicht zu spüren wäre. Ihr hingegen ... Das ist ein weites Feld.

Guten Tag. Kopenhagen! Wohlschmeckend schritten die jungen Damen dahin und guckten Esperanto und sprachen ihre Sprache. Wenn die Dänen das, was sie zu sagen haben, auf Schilder gedruckt dem Fremdling entgegenhielten, ließe es sich allenfalls erraten – so viel Plattdeutsch und Englisch verstehen wir auch bei Regenwetter. Zum Sprechen eignet sich die dänische Sprache weniger – sie zerschmilzt den Hiesigen auf der Zunge und eilt leichtsilbig dahin, und alles ist ein einziges Wort, und es ist sehr schwer. Und wenn man also im »Fiske-Restaurant« gar nichts sagt, bekommt man zu viel zu essen, und wenn man etwas sagt, erstickt man in kalten und warmen Speisen; und ich glaube: wenn einer richtig Dänisch kann und etwas bestellt, dann bekommt er den Wirt in Gelee. Gott segne die dänischen Kalorien.

Ja, die Frauen ... Ich war den ganzen Tag herumgelaufen und freute mich auf den Abend. Für den Abend hatte ich mir etwas ausgedacht. Da stand an einem Tanzlokal – soviel konnte ich lesen –, daß da also getanzt werden würde und daß da zwei Orchester spielten, und dann:

»Ingen« – das war wohl die dänische Form für »Inge« –, welch ein schöner Name! Ingen Pauser ... Wie mochte sie aussehen? Lang, weiß, schlank, blond – mit einer Schnuppernase und fest im Fleisch. Ja, das wollten wir also wohl einmal sehen.

Inzwischen war Lange Linie zu besichtigen und im Hafen herumzufahren, und es waren alle jene netten Überflüssigkeiten zu exekutieren, die im Führer stehen. Nach der vierten begann ich zu schwänzen ... es war viel amüsanter Klatsch zu hören und den Nebel, in dem die dänischen Berühmtheiten für uns dahinschreiten, sich zerteilen zu sehen – und siehe da: da hatten sie hochgeschnürte kleine Provinzbusen und lispelten und schielten und waren dreimal geschieden, und ein Glitzerwerk von Ironiegeflitter ging über die Armen dahin, vor denen ich zu Hause, vor dem Bücherschrank, so eine große Hochachtung gehabt hatte. Richtig – Inge!

Ich würde nach den ersten Formalitäten »Inge« sagen – »Ingen«, das ist nichts. Wenn sie einen Funken Nettigkeit im Leibe hat, besitzt sie eine Tante auf Jütland. Wir wollen nach Jütland fahren – in Kopenhagen ist sie vielleicht zu bekannt. In Jütland soll eine kleine Stadt dastehen mit einem Backsteinkirchturm und abendlich erdunkelnden Bäumen auf dem Marktplatz ... Vor dem Schlafengehen spazieren wir ein bißchen durch die Sträßchen und Straßen und dann einen Feldweg entlang, und Inge erzählt von ihrer Schwester, die in Amerika lebt, und von einer Reise nach London – dann blinzelt der erste Stern herunter, und dann sagen wir gar nichts mehr ...

Ja, sie kann Deutsch. Natürlich kann sie Deutsch. Sie spricht es auf diese entzückende Art, in der es hier viele Leute sprechen: lehrreich und bezaubernd falsch. »Soll ich das Essen heißen?« fragen sie, und – warum soll man das eigentlich nicht sagen? Wenn es »erwärmen« gibt – warum soll es nicht »heißen« geben? Und sie sagt mir: »Kopenhagen ist selbstfroh«, was wohl so etwas wie »mit sich zufrieden« bedeutet – und es tut den Ohren und allen Sinnen wohl, Deutsch auf eine so neue und so überraschende Art zu hören. Es ist, wie wenn jemand die Sprache neu zu schaffen unternähme ... Schmeckt ihr Kuß salzig? Das werden wir ja sehen. Das werden wir ja alles sehen –

Das Gold auf dem Rathaus erglänzt im letzten Sonnenlicht. Aus den Schaufenstern der Kinos blicken geschmalzte Photographien auf die Straßen, und die Gesichter der Stars sehen süß und fett aus wie die dänischen Kuchen, und vor dem Tivoli steht ein Mann und singt ein Lied, das ich schon einmal gehört haben muß ... »B. Z.« sagt er – Und im Tivoli hängt in den Bäumen die Sehnsucht aller dänischen Matrosen, die gerade auf hoher See sind. »Tivoli« denken sie, wenn sie in die Wanten klettern, und »Tivoli« in den Kohlenbunkern und »Tivoli« auf dem Broadway ... Und hoch oben, gegen den hohen blauen Abendhimmel, steht ein deutscher Artist im weißen Trikot, bereit, zu einem Looping abzuspringen: »Achtung!« ruft er – und da lachen Leute vor einem Freilicht-Kino, und da kreischen sie auf der Rutschbahn ... Und ich denke an Inge. Ingen Pauser –

Und bei Vivel wedeln die Kellner ungeduldig mit den Servietten, und wenn jetzt der Oberkellner mit dem Finger winkt, dann ergießt sich aus dem doppeltgeöffneten Tor eine ganze Heringsflottille hervor, man möchte ein Hering sein, nur um zu wissen, wie ein dänischer Magen von innen aussieht, es ist nicht vorstellbar.

Jetzt aber ist es neun Uhr, und nun will ich zu Inge gehen. Ja, und wenn wir in der jütländischen Stadt angekommen sind, dann soll aus einem geöffneten Fenster der kleine Walzer »Always« herausklingen, das denke ich mir besonders hübsch, und dabei wollen wir einschlafen. – – –

Schade: »Ingen Pauser« ist kein Name. Es heißt »Keine Pause« – und pausenlos spielen die beiden Orchester in dem Tanzlokalchen, es ist gar keine Inge da, und auf leicht nach innen gesetzten Füßen stiefle ich ins Freie, sanft begossen vom Schein des Mondes und einer umsonst geliebten Liebe.

—— KURT TUCHOLSKY

FEHMARN

Es war »rusiges« Wetter, wie man bei uns zu
sagen pflegt, und ich wickelte mich fester in
meinen Mantel, freute mich aber zugleich
an einem Sonnenblitz, der in der Ferne auftauchte. Es war die Ostsee, die aufstrahlte
und so verführerisch lächelte, als wäre sie
nicht eine von den unbeständigen Frauen,
die selten lächeln und viel weinen.

—— CHARLOTTE NIESE

SPAZIERGANG DURCH LÜBECK

Trotz Spießbürgern, Senatoren und Ratsherren ist Lübeck eine Stadt, in der ich mich sehr wohl niederlassen könnte. Es hat alles einen antediluvianischen, gemütlichen Anstrich, und ein Spaziergang durch die Straßen ist im Grunde nichts anderes, als ein mit gymnastischen Bewegungen verbundenes Studium der Geschichte, oder ein mit Regenschirm und Gummischuhen verknüpftes Blättern in einem alten Bilderbuche.

—— ADELBERT VON BAUDISSIN, 1865

DIE MERKWÜRDIGKEITEN LÜBECKS

In der Abenddämmerung erreichten wir Lübeck, welches sehr schöne environs von Alleen und Gärten hat. Wir kehrten im Gasthofe »Stadt Hamburg« ein und speisten wieder bei der table d'hôte, wo wir zwar sehr vornehm sogar von einem Mohren bedient wurden, aber doch das echtwienerische Wohlleben Hamburgs vermissten. Da es der hiesige Ton nicht nur erlaubt, sondern sogar erfordert, bei Tische zu rauchen, so schmauchten auch wir einige Stangen Cigaro.

Besahen wir uns die Merkwürdigkeiten Lübecks: Die Kirche mit den Gemälden eines Schülers Albrecht Dürers, das alte gotische Rathaus und die Marienkirche. In dieser letzteren bewunderten wir die schöne Kanzel, den geschmackvollen Altar, beide ganz von Marmor, das astronomische Uhrwerk und den berühmten Totentanz. Dieses ist eine Reihe von Gemälden von einem alten deutschen Künstler, welche den Tod im Tanze mit Kaisern, Königen, Edelleuten, Bauern, Geistlichen etc. vorstellen und mit Knittelversen verziert sind. Die Stadt Lübeck trägt durchaus das majestätische, düstre Gepränge der Vorzeit.

—— JOSEPH VON EICHENDORFF, 1805

ANKUNFT IN LÜBECK

So schlug auch mir das Herz höher, als ich
bei den grünschattigen Wällen vorbei durch
das düster gewölbte Tor einfuhr und die
prächtigen Türme gewahrte und den klang-
vollen Schlag ihrer Glocken vernahm.

—— EMANUEL GEIBEL, 1842

DAS MEER

Als sie hinauf zum ›Seetempel‹ kamen, brach schon die Dämmerung herein; der Herbst war vorgeschritten. Sie standen in einer der nach der Bucht zu sich öffnenden Kammern, in denen es nach Holz roch, wie in den Kabinen der Badeanstalt, und deren roh gezimmerte Wände mit Inschriften, Initialen, Herzen, Versen bedeckt waren. Nebeneinander blickten sie über den feuchtgrünen Abhang und den schmalen, steinigen Strandstreifen hinweg auf die trübbewegte See hinaus. »Breite Wellen ...«, sagte Thomas Buddenbrook. »Wie sie daherkommen und zerschellen, daherkommen und zerschellen, eine nach der anderen, endlos, zwecklos, öde und irr. Und doch wirkt es beruhigend und tröstlich, wie das Einfache und Notwendige. Mehr und mehr habe ich die See lieben gelernt ... vielleicht zog ich ehemals das Gebirge nur vor, weil es in weiterer Ferne lag. Jetzt möchte ich nicht mehr dorthin. Ich glaube, daß ich mich fürchten und schämen würde. Es ist zu willkürlich, zu unregelmäßig, zu vielfach ... sicher, ich würde mich allzu unterlegen fühlen. Was für Menschen es wohl sind, die der Monotonie des Meeres den Vorzug geben? Mir scheint, es sind solche, die zu lange und tief in die Verwicklungen

der innerlichen Dinge hineingesehen haben, um nicht
wenigstens von den äußeren vor allem eins verlangen
zu müssen: Einfachheit ... Es ist das wenigste, daß man
tapfer umhersteigt im Gebirge, während man am Meere still im Sande ruht. Aber ich kenne den Blick, mit
dem man dem einen, und jenen, mit dem man dem
andern huldigt. Sichere, trotzige, glückliche Augen, die
voll sind von Unternehmungslust, Festigkeit und Le-
bensmut, schweifen von Gipfel zu Gipfel; aber auf der
Weite des Meeres, das mit diesem mystischen und läh-
menden Fatalismus seine Wogen heranwälzt, träumt
ein verschleierter, hoffnungsloser und wissender Blick,
der irgendwo einstmals tief in traurige Wirrnisse sah ...

Gesundheit und Krankheit, das ist der Unterschied. Man klettert keck in die wundervolle Vielfachheit der zackigen, ragenden, zerklüfteten Erscheinungen hinein, um seine Lebenskraft zu erproben, von der noch nichts verausgabt wurde. Aber man ruht an der weiten Einfachheit der äußeren Dinge, müde wie man ist von der Wirrnis der inneren.«

Frau Permaneder verstummte so eingeschüchtert und unangenehm berührt, wie harmlose Leute verstummen, wenn in Gesellschaft plötzlich etwas Gutes und Ernstes ausgesprochen wird. ›Dergleichen sagt man doch nicht!‹ dachte sie, indem sie fest ins Weite sah, um seinen Augen nicht zu begegnen. Und um ihm in der Stille abzubitten, daß sie sich für ihn schämte, zog sie seinen Arm in den ihrigen.

—— THOMAS MANN, *BUDDENBROOKS*

IDYLL AN DER TRAVE

Es fehlte übrigens wenig, so hätten wir den Ausfluss der Trave nicht gefunden; ein dicker Nebel hatte sich über die ganze Küste gelagert; doch das Glück war mit uns, wir trafen die richtige Stelle, segelten hinein und das ganze Nebelland blieb hinter uns.

Es war als wallte ein Vorhang auf. Im Vordergrunde lag das hübsche Badehaus und der hohe Leuchtturm; ringsum dehnten sich grüne Felder und Wald; uns entgegen strömte das warme Sonnenlicht. Daheim in Dänemark knospete es kaum im Gehölz da wir absegelten; welch merklicher Übergang! Zur Linken erstreckte sich die Halbinsel Priwall, wo die Herden halb im Wasser gingen ... zur Rechten lag Travemünde mit seinen roten Dächern; ringsum aus den Fenstern hatten Männer und Weiber von fern die Köpfe gesteckt; sie sahen von ferne recht hübsch aus.

Die Trave ward schmäler; das Dampfschiff schien ihr ganzes Bett ausfüllen zu wollen; bald sahen wir das siebentürmige Lübeck zwischen den Matten und dem Walde herauftauchen; allein es spielte wunderlich Versteckens, bald war es hier, bald dort – und bald – ja wer könnte das beschreiben? – lags unter dem grünen Ufer, welches die Natur mit Gehölz und üppigen Graswuchs bedeckt hat. Die vielen Biegungen veranlassen, dass man nicht recht weiß: ob man von oder zur Stadt fährt. So segeln wir auch auf dem großen Strom des Lebens, denn da sind wir so kindisch zu klagen, ja auch am Steuermanne zu verzweifeln, denn das Ziel unserer Wünsche spielt mit uns, wie Lübeck Verstecken; doch machten wir den richtigen Weg, allein wir kennen nicht des Stromes Lauf, da wir auf des Lebens Trave nur einmal segeln. Welch abwechselnd Gemälde, welch lebendiges Idyll gewährt nicht die ganze Gegend. Hier bildet der Fluß eine kleine Bucht, hier ist eine Fischerstätte; die Netze hangen zwischen Bäumen in der Sonne ausgespannt; gerade vor uns erhebt sich ein Dorf mit seiner Kirche und im Flusse selbst rauscht durch die grünen Binsen das Dampfboot, welches unter anderen Gegenständen einen Poeten an Bord hat, und wo sich ein Poet befindet, der stets der Natur ihre beste Auswahl abgewinnt, denn Natur ist eine Dame, und zwar eine alte Dame; sie war vor Methusalem, sie will gefallen; sie möchte bewundert, und was am wirksamsten bei ihr ist, besungen werden; ich habe mich nun einmal darauf gesetzt; sie soll nun keinen Gesang haben, und also bekommt sie keinen.

—— HANS CHRISTIAN ANDERSEN, 1837

TRAVEMÜNDE

Mit der gespanntesten Erwartung sahen wir dem Augenblick entgegen, wo wir das Meer zu Gesicht bekommen sollten. Endlich, als wir den Gipfel der letzten Anhöhe vor Travemünde erreicht hatten, lag plötzlich das ungeheure Ganze vor unseren Augen und überraschte uns so fürchterlich, daß wir alle in unserem Innersten erschraken. Unermeßlich streckten sich die grausigen Fluten in unabsehbare Fernen. In schwindlichter Weite verfloß die Riesen-Wasserfläche mit den Wolken, und Himmel und Wasser schienen ein unendliches Ganzes zu bilden. Trunken von dem himmlischen Anblicke erreichten wir schließlich Travemünde ...

Travemünde allein mit seinen Herrlichkeiten war der ganzen Reise wert, und ewig wird der Anblick des Meeres meiner Seele vorschweben.

—— JOSEPH VON EICHENDORFF, 1805

MEIN LÜBECK

Ich möchte hinzufügen, es ist mein Ehrgeiz, nach-
zuweisen, dass Lübeck als Stadt, als Stadtbild und
Stadtcharakter, als Landschaft, Sprache, Architektur
durchaus nicht nur in »Buddenbrooks«, deren unver-
leugneten Hintergrund es bildet, seine Rolle spielt,
sondern dass es von Anfang bis zu Ende in meiner
ganzen Schriftstellerei zu finden ist, sie entscheidend
bestimmt und beherrscht.

Als Landschaft? – Es ist oft kritisch bemerkt und
mir angekreidet worden, dass die Landschaftsschilde-
rei nicht meine starke Seite ist, dass sie zu kurz kommt
in meiner Produktion, und ich werde noch allgemei-
ner zu sagen haben, welche Bewandtnis es damit hat.
Es ist eine urbane, eine städtische Bewandtnis, und
man könnte erklären, die Landschaft einer Stadt, das
sei ihre Architektur, die Lübecker Gotik also in unserem Fall, von deren Einwirkung auf meine Schreibe-
rei, von deren Spiegelung darin zu sprechen ich denn
auch vorhabe. Aber nicht so möchte ich hinweggehen
über das lübeckisch Landschaftliche, möchte nicht re-
signieren und wahrhaben, dass es nicht anders vor-
komme, mitspreche und fühlbar werde in dem, was
ich zu gestalten versuchte. Da ist das Meer, die Ost-

see, deren der Knabe zuerst in Travemünde ansichtig wurde ...

Ja, ich will hoffen, dass ich ihm einigen Dank abgestattet habe, dem Meer meiner Kindheit, der Lübecker Bucht. Seine Palette war es letzten Endes, deren ich mich bediente.

Aber das städtische Lübeck hat ja noch einen anderen Naturrahmen als den der Ostsee, eine Landschaft im eigentlicheren Sinne des Wortes, und zwar eine, die sich an Schönheit mit den allermeisten, wenn es nach mir geht, mit all und jedem messen kann, was Deutschland und nicht nur dieses zu bieten hat.

—— THOMAS MANN, 1926

34

HOLSTEINISCHE WÄLDER

Der Herbsttag ist blau, die hohen Bäume
rauschen, die Ostsee sächselt, und ich fahre
selig durch die holsteinischen Wälder des
Herbstes, hindurch, vorbei, vorüber.

—— KURT TUCHOLSKY, 1928

HOLSTEIN

Es gibt ohne Zweifel Landschaften von auf-
fallenderer Schönheit, von großartigerer
Wirkung, von größerer Fruchtbarkeit des
Bodens – sicherlich aber keine, die lieblicher
zum Auge und gewinnender zum Herzen
guter, sinniger Menschen spricht, als unser
Ostholstein.

—— JOHANN HEINRICH VOSS, 1794

IMPRESSIONEN AM MEER

Gestern eine Bucht, heute der braune Rücken
einer Sandbank, morgen schon
an gleicher Stelle unkenntlicher Meeresboden
oder Weide
mit starren, schweren Kühen.
Rasch wandelt das Meer die Küste, und jeder Tag
ist ungleich dem nächsten. Jedes Rauschen
in den dürren Kiefern heißt Veränderung,
schneller als anderswo und
eiliger als gewohnt.
Veränderung: Schrecken und Glück,
Festklammern und Springen.
Letzter Schrei. Erster Ruf. Leben.

—— GÜNTER KUNERT

HEILIGENDAMM

In Heiligendamm schien die Sonne, doch
was dort mit mir geschehen ist, kann ich mir
nicht erklären. Wenn ich mit Worten nach-
lässig umginge, würde ich sagen, dass ich
mich dort glücklich fühlte, und bei diesem
Glücksgefühl spielte gewiss das Meer eine
Rolle, die Reise und alles, was ihr unmittel-
bar vorausgegangen war, aber auch der hübsche kleine Ort, den man die »weiße Stadt
am Meer« nennt.

—— PÉTER NÁDAS, *BUCH DER ERINNERUNG*

SAISONBEGINN AN DER OSTSEE

Oben an der Nordostküste Deutschlands rollen die Wogen in langen Linien auf den Strand – es ist sehr kalt und frisch, und der Sand ist ganz naß. Horch! Läutets da nicht silberhell durch die Lüfte? Du hast dich nicht verhört, herzliebster Leser: ist ers doch, der rosafüßige Frühling, der soeben – mit Genehmigung der zuständigen Wetterwarte – seinen Einzug gehalten hat. Frühling, ja, er ists! Marie, der Lenz ist da – und allenthalben hebt ein geschäftiges Leben und Treiben an und versetzt die biedere Bevölkerung der Wasserkante in die höchste Aufregung.

Die Ostseewirte sind aus langem Winterschlaf erwacht und recken faul die gewaltigen Glieder. Langsam kriechen sie aus den wärmenden Speckhüllen, die sie in der rauhen Jahreszeit vor den Unbilden des unwirschen Klimas geschützt haben, die Fenster fliegen auf, und in riesigen Schwaden entweicht ein trüber Grogdunst in den hellblauen Frühlingshimmel. Kräftige Fäuste packen die Stoffüberzüge, mit denen winters die Wälder zugedeckt werden, zerren daran und reißen sie herunter; die jubelnde Jugend reinigt den Strand und schüttet frischen Sand als Streu für die zu erwartenden Kurgäste auf. Saisonbeginn!

Die fleißigen Gemeindeväter treten zu ernster Beratung zusammen: gilt es doch, die Kurtaxe mit Rücksicht auf den Ernst der Zeit um das Dreifache zu erhöhen und den lieben Gästen das Leben im Ort so angenehm wie möglich zu gestalten. Nachdem noch rasch der Mindestpreis für das Zimmer mit voller Pension (Mittagessen mit einbegriffen, Beleuchtung, Bewässerung, Bedienung und Beschlafung extra) auf 410 Mark festgesetzt worden ist, eilen die wetterfesten Männer an die Arbeit.

Da heißt es, angeschwemmte Strandgutplanken zum Familienbad zusammenzuzimmern, Strandkörbe werden ausgebessert, ja, ein luxuriöser Badeort, dessen Name hier nicht genannt sein soll, trägt sich bestem Vernehmen nach mit der Absicht, einen Rettungsring anzuschaffen. Er soll Ende August eintreffen. Der Strand wird rasch von Quallen und Tang befreit und beides vor die einzelnen Häuser ausgebreitet, zwecks Herstellung der ff. Seeluft. Viele große Badeorte schließen mit Berlin Lieferungsverträge für den kommenden Sommer ab, und große Kisten Flundern rollen aus der Residenz an, wohin sie das fleißige Fischervölkchen verschoben hat. Die Weinkarte (mit Gummizug) wird aktualisiert, auch werden große Sterilisationsapparate aufgestellt, mit denen man Seewasser trinkbar machen kann. Bei dieser Gelegenheit wird der alte Bestand in den Weinkellern aufgefrischt. Waisenkinder verteilen längs des Strandes Bernsteinstücke, die später bestimmungsgemäß von den aufjubelnden Kurgästen gefunden werden. Viele Muscheln erleiden einen qualvollen Tod: sie tragen, als Aschbecher und Briefbeschwerer verkleidet, das Bild Hindenburgs und werden mit Recht den daheim gebliebenen Verwandten zum Andenken mitgebracht.

Auf mancherlei Besuch gilts sich einzurichten. Tiere und Menschen suchen in heißer Sommerszeit das kühlende Naß der Ostsee auf – an manchen Orten verkehren auch Sachsen. Zinnowitz läßt auf dem Gemeindehaus ein großes blank poliertes Hakenkreuz anbringen: im dortigen Herrenbad werden Badehosen nur nach vorheriger Revision durch den Badearzt abgegeben. (Es sollen dabei böse Vertuschungsmanöver vorgekommen sein.) Ein herzerfrischender antisemitischer Wind pfeift brausend über den judenreinen Strand des anmutigen Badeörtchens; seine Toiletten sind sämtlich angestrichen und mit frommen Wünschen für die Monarchie versehen. Horrido –! Die Stellung kann bezogen werden.

Ein sanfter Zephyr hingegen mauschelt um die geschwungene Bucht Heringsdorfs. »Freya«, der germanische Dampfer, das einzige arische Lebewesen weit und breit, ächzt durch die Fluten pflichttreu, alt und gebrechlich, hat das wackre Boot, das kurz vor Erfindung der Dampfmaschine in Dienst getreten ist, schon manchen Kummer erlebt. Es ist auch heuer zur Stelle. In den Hotels wibbelt und kribbelt es: einem neu eingetretenen Angestellten, der ein Zimmer aufzuschrubbern versucht, wird vom Direktor seine Ungehörigkeit ernst verwiesen, und der zweite Gemeindevorsteher geht mit seinem Söhnchen spazieren, um ihm eine Fensterscheibe zu zeigen, die er einmal als Knabe eingeschlagen hat. Nach gutem alten Heringsdorfer Brauch ist sie bis heute nicht erneuert.

In Mecklenburg hängen sich die Schiffer die Umhängebärte um, die ihnen ein so biederes Aussehen verleihen, und die übrige Landbevölkerung lernt noch einmal rasch aus dem Polyglott Kuntze das gute Platt, um bei den Preisangaben durch mangelhafte Verständigung mit dem hochdeutschen Kurgast gedeckt zu sein. Ostpreußens Steilküste strahlt in schönster Ausstattung und ist am besten dran: Mücken und Berliner sind daselbst unbekannt.

Auf den Dünen werden die Polizeiverordnungsschilder neu angepinselt. »Das Betreten der Dünen und das Ausreißen derselben ist streng untersagt. Königl. Preuß. Hafenamt. 14. Juli 1876.« (Wie habe ich immer die Leute beneidet, die am 13. Juli 1876 da gebadet haben! Die durften noch!) Rasch werden einige hundert Schilder mit der Aufschrift »... ist verboten« ausgeteilt – die Lücke kann später beliebig ausgefüllt werden. Am Horizont dampft inzwischen das deutsche Kriegsschiff zu Reklamezwecken hin beziehungsweise her. Ganz Berlin kann mit Operngläsern feststellen, wofür es seine dicken Steuern bezahlt ...

Die frisch gesalzenen Wogen rollen an den Strand. In einer Reihe, die ganze Küste entlang, stehen die Wirte, großen Raubvögeln gleich, vor ihren Horsten und lauern auf Beute. Sie klappern mit den Schnäbeln, die leeren Kröpfe baumeln im Winde, ab und zu fällt einem von ihnen hinten ein kleiner Prospekt heraus. Sie scharren ungeduldig mit den riesenhaften Fängen im Sande. Und warten.

Sieh! Da naht ein langer Zug ernster Männer dem Strande. Es ist der Landrat von Swinemünde, gefolgt von einer unabsehbaren Reihe Badeort-Delegierter. Von Holstein bis Samland ist alles vertreten. Die Geistlichkeit beider Konfessionen sowie Heringsdorfer Kultusbeamte eröffnen den Zug. Fahnen wehen ihnen voran. Die Emma-Möwen kreischen und klacksen kleine Glückwünsche. Der Wind weht. Schulkinder singen. Der Zug steht.

Und hervor tritt der Landrat und hält eine schöne Rede, in der er auf die gute alte Zeit hinweist und darauf, wie grade die Ostsee allezeit treu zum Deutschen Reiche gehalten habe, weil in ihr (früher: auf ihr) dessen Zukunft liege und weil Neptun der Gott des Meeres sei. Biegen oder Brechen sei auf See stets die Losung gewesen. Von der Schmutzkonkurrenz der Nordsee wolle er schweigen – hie gut Ostsee allewege! Die Möwen schreien. Die Geistlichkeit spricht Gebete, Messen und Broochen und erfleht vom Himmel eine feiste Saison. Das Meer wird eingesegnet.

Und der Landrat hebt den Zylinder und spricht. Auftakt und Anfangssignal der Sommerzeit 1922: »Hiermit erkläre ich die Ostsee für eröffnet!«

—— KURT TUCHOLSKY

ROSTOCKER JUNGE

Ein Sonntag auf dem Lande, was gibt es
Schöneres für ein Stadtkind? Und wenn das
Dorf nun gar an der See liegt – für einen
Rostocker Jungen wenigstens kann es nichts
Schöneres geben. Grimmige Seeräuberspiele
spielten wir stets, und schön zerzaust, zerbleut
und verbeult kamen wir meist zu Abend in
das alte Bauernhaus.

—— MAX DREYER

ROSTOCK

Es ist das Meer, das Rostock etwas von seiner
Kraft und Freiheit in die Wiegen spritze, das
Meer, das von den Bürgern Verwegenheit ver-
langte und ihnen Reichtum dafür gab.

—— RICARDA HUCH, 1927

HIDDENSEE

Hiddensee, vom blauen Meer umflossen,
Welcher Zauber liegt doch ausgegossen
Über deinen Bergen, Dünen, Schluchten,
Deinen Dörfern, Wiesen, schilf'gen Buchten!

Immer wieder komm' vom fernen Land
Sehnsuchtsvoll ich her an deinen Strand:
Schöpfe stets, wonach ich ausgezogen:
Seelenfrieden aus den blauen Wogen!

—— ALEXANDER ETTENBURG, 1912

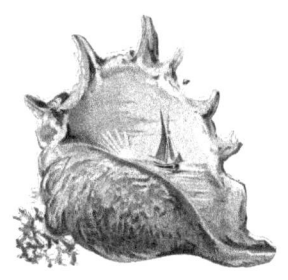

HIDDENSEE

Dies ist mein Blick zurück
Woher ich kam – O Glück,
O Einsamkeit!

Dies ist mein Land,
Das fand ich einst
Und weit
Liegt Raum, liegt Zeit.

Der Ginster blüht goldgelb.
Verhält
Die Welt
Den Atem, – sprich!

Nein, sieh auf mich –
Vergeh im Traum
Wie ich! –

—— MAX KRUSE

FISCHER AN DER OSTSEE

Am Strand haben sie mit den Händen eine kleine Kute ausgehoben, und dahinein werden aus einem Sack mit schwarzer Erde die dicken Regenwürmer geschüttet; die lockere schwarze Erde und das Gewürm ergeben eine mulmige, ungewisse, anziehende Häßlichkeit im blanken Sande. Neben diese wird eine sehr ordentliche Holzlade gelegt. Sie sieht aus wie eine lange, nicht sehr breite Tischlade oder ein Zahlbrett und ist voll von sauberem Garn; und auf die andere Seite der Kute wird noch eine solche, aber leere Lade gelegt.

Die hundert Haken, die am Garn der einen Lade sitzen, sind manierlich auf eine kleine eiserne Stange an deren Ende gereiht und werden nun einer nach dem anderen heruntergenommen und in die leere Lade gebettet, deren Ende bloß mit reinem, nassem Sand gefüllt ist. Eine sehr ordentliche Beschäftigung. Zwischendurch sorgen aber vier lange, magerkräftige Hände so sorgfältig wie Pflegerinnen dafür, daß auf jede Angel ein Wurm kommt.

Die Männer, die das tun, hocken auf Knien und Fersen zu zweien im Sande, mit mächtigen, knochigen Rücken, langen, gütigen Gesichtern, und einer Pfeife im Mund, und sie wechseln unverständliche Worte, die ebenso sacht aus ihnen hervorkommen wie die Bewegungen ihrer Hände. Der eine nimmt einen fetten Regenwurm mit zwei Fingern, holt die gleichen zwei Finger der anderen Hand hinzu und reißt ihn in drei Stücke, so gemächlich und genau, wie ein Schuster das Papierband abknipst, nachdem er Maß genommen; der andere stülpt dann diese sich bäumenden Stücke sanft und achtsam über die Angel. Ist das den Würmern widerfahren, so werden sie mit Wasser gelabt und in der Lade mit dem weichen Sand in kleine, zierliche, nebeneinanderliegende Betten gebracht, wo sie sterben können, ohne gleich ihre Frische zu verlieren.

Es ist ein stilles, feines Tun, wobei die groben Fischerfinger leise wie auf Fußspitzen gehn. Man muß sehr auf die Sache achten. Bei schönem Wetter wölbt sich der dunkelblaue Himmel darüber, und die Möwen kreisen hoch über Land wie weiße Schwalben.

—— ROBERT MUSIL

IM SAND

Am Tage liege ich im feinen hellen
Sand und lasse mich von der Sonne
durchglühen.

—— MASCHA KALÉKO, *AUF HIDDENSEE*, 1930

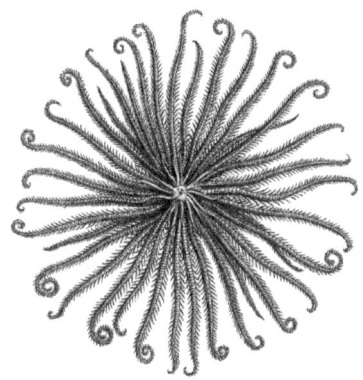

EINE RÜGENREISE

Zur Fahrt nach Rügen – über den breiten Rügenschen Bodden hinüber – hatten wir eine kleine Schifferjacht gemietet, und bei schönem Morgenhimmel am 14. August legte ich denn also aus zu dieser ersten Seefahrt. Ein leichter Landwind trieb uns bald in offene See, die Wellen kräuselten sich an dem kleinen Fahrzeuge, und wir verfolgten die vorüberstreifenden Jollen und Fischerboote mit ihren gelblichen oder rotbraunen Segeln und malerischen Formen häufig mit dem Zeichenstift auf dem Papier. Die schillernden Farben einer leise bewegten Seefläche, im Sonnenlicht mit Wolkenschatten unterbrochen, wurden mir jetzt zum ersten Male sichtbar, und nun erst verstand ich, warum die Alten den Proteus, den stets die Erscheinung Wechselnden, zum Gott des immer in neuen Farben erglänzenden Meeres erschaffen hatten!

Schon waren die Türme von Greifswald am Horizonte tief hinuntergesunken, und wir verhofften in kurzem die wenigen Meilen des Meerbusens zwischen der pommerschen Küste und der Gegend von Putbus überschifft zu haben, als der Wind mehr und mehr abnahm, unsere kleinen Segel regungslos hingen und das Schifflein auf dem spiegelglatten Bodden vollkommen zu ruhen begann. Unsere zwei Schiffsleute ließen den kleinen Anker nieder, ermahnten zur Geduld und kochten uns einige Kartoffeln, ich aber setzte mich auf das Verdeck, um in der Abendsonne die Örtlichkeit des Schiffes selbst, mit allem seinem einfachen Segelwerk und seinen Einrichtungen aus der Kindheit der Schiffahrt säuberlich zu zeichnen. Ich habe diese Zeichnung späterhin einmal als Mondschein ausgeführt und endlich das fertige Ölbild vor Jahren dem König Friedrich August verehrt, so daß denn vielleicht noch in später Zeit Kunstfreunde dieses kleine Werk, welches eine ganz artige Wirkung macht, in der Galerie moderner Kunstwerke auf dem Dresdner Schlosse gewahr werden können.

Nach und nach kam die Nacht heran; wir kochten uns Tee, wozu etwas schwarzes Schifferbrot leidlich mundete, dann hüllten wir uns unter dem niedern Verdeck in dort liegende Bastmatten und schliefen einige Stunden, bis früh das letzte Mondviertel aufstieg, ein leiser Wind zu wehen anfing, unsere Schiffer den kleinen Anker aufgehoben und wir nun der Küste entgegentrieben, welche wir endlich gegen 6 Uhr erreichten.

Es war damals Rügen im ganzen noch wenig von Fremden besucht, und eine größere Einfachheit herrschte dort. Statt eines zum Empfange wohl eingerichteten Hotels etwa lag da unter verstreuten Granitblöcken eine rauchige Fischerhütte, die dem Anlangenden eben nur Befriedigung der nächsten Bedürfnisse bot. Ich fand es sehr originell, als die Wirtin, um unser Frühstück zu besorgen, aus dem großen Rauchfange gleich neben der sogenannten Gaststube, von den in dichten Reihen dort hängenden Flundern und Zungen (Pleuronectes solea) sofort eine Anzahl herunterholte und uns zum Kaffee auftischte, aber die Praxis war gar nicht übel, und die zarten, wohldurchräucherten Seebewohner mundeten wirklich gut. Alles war eine neue Welt für mich, und mit Lust ging ich immer wieder hinaus an den Strand, atmete die prächtige Seeluft und fühlte von Stunde zu Stunde mich frischer.

Gegen Mittag wanderten wir nach dem nicht weit abliegenden fürstlichen Schlosse von Putbus. Seine kleine Kunstsammlung enthielt einige Marmorstatuen Thorwaldsens, ein paar Landschaften von Philipp Hackert, wobei ich der Goetheschen Schilderungen dieses auf Rügen selbst zuerst sich ausbildenden Meisters gedenken mußte, und einige jener sinnigen Bilder Friedrichs, die mir hier, gleichsam wie in ihrem eigentlichen Vaterlande, noch nähertraten als sonst. Doch nicht Kunstbetrachtens halber war ich auf dies Inselland gekommen, sondern um in seinen Buchten und Wäldern mir wieder völlige Gesundheit und Kraft zu holen. Ich stürzte mich noch auf einige

Minuten in die blauen Wellen, die über den Ufersand zwischen einzelnen Granitblökken das anmutigste Spiel trieben, und nach einfachem Mahle zogen wir aus, das Rügensche Land zu umkreisen.

Der nächste Punkt war die kleine bewaldete Insel Vilm, die ein paar Stunden östlich von Putbus im Bodden liegt und von welcher wir dann nach Mönchgut hinüberzufahren gedachten. Es war ein prächtiger Sommernachmittag, das kleine Boot, nur von einem Fischer gerudert, glitt leicht über die schaukelnden Wellen, und bald waren wir unter den mächtigen Buchen und Eichen von Vilm gelandet. Ich kann sagen, ich habe kaum jemals wieder dies Gefühl so ganz reinen, schönen und einsamen Naturlebens gehabt wie damals auf dem kleinen Eilande, das sonst niemand zu sehen pflegt, der Rügen besucht. Wie malerisch drängt sich dort über das am Ufer gehäufte Gestein die frischeste Vegetation des Gebüsches, wie ungestört und ehrwürdig sind da Eichen und Buchen zu ungewöhnlichem Umfange aufgewachsen! Ich traf eine uralte Eiche inmitten der Insel, sie war fast ganz abgestorben, und die ungeheuren Äste streckten sich abgewettert und glänzend grau in die blaue Luft, aber statt der eigenen Blätterfülle hatte sich nun ein gewaltiger Efeu hineingerankt und umgab die fast Verdorrte mit Behängen erneuten Lebens. Nicht weit davon stand eine alte Rotbuche, die Zweige, reich mit Blätterfülle belastet, hingen laubenartig bis auf den Rasen um den alten Stamm herum. Kurz, wohin man sah, reiche, kräftige Urnatur des Nordens!

Ich habe späterhin in einem größeren Bilde: Erinnerung an eine bewaldete Insel der Ostsee, einiges aus dieser Szenerie mir geistig zu reproduzieren versucht, und manche Betrachtende haben sich noch an diesem Schattenbilde erfreut; möchten die, die es verdienen, sich an dem Urbilde (wenn es noch so wie damals bestehen sollte, woran ich jedoch sehr zweifle) ebenfalls erquicken können! Eine einzige kleine Meierei lag auf dem Inselchen, deren Bewohner von Zeit zu Zeit ihre Produkte an Käsen, Butter, Schinken und dergleichen nach Greifswald hinüberschifften zum Verkauf. Wie wenig indes diese Leute dabei mit der Welt in Berührung kamen, erfuhren wir, als wir uns dort mit etwas Milch und Schwarzbrot stärkten, im Gespräch; denn alles was da drüben in der Geschichte sich ereignet hatte, selbst Napoleons Vertreibung und Absetzung, war ihnen ganz unbekannt geblieben.

Die sinkende Sonne mahnte aber zur Abfahrt, und so schifften wir nun, während die leuchtenden Farben der Abendsonne mit Gold und Violett die Wellen überzogen, nach Mönchgut hinüber. Ein Seehund tauchte ein paarmal unweit unseres Bootes aus den

Wellen und verschwand ebenso rasch, erhöhte aber doch durch sein Erscheinen das Neue dieser heitern Fahrt. Es begann bald nach der Landung zu dunkeln, und wir hatten einige Mühe, den Weg nach Middelhagen zu finden, wo wir Gastfreiheit forderten und auf Stroh übernachteten. Am andern Tage wanderten wir denn wieder hinab an den Meeresstrand, um das Vorgebirge Perd herum, und über Sellin und Lanken endlich nach Bergen wieder hinauf. Dieser Weg war so recht bezeichnend für die Rügensche Natur! Still und träumerisch wie eine altschottische Ballade, zur Rechten das Meer, oft weit hinaus am Strande mit unzähligen Granitblöcken bestreut, welche urweltliche Fluten mit ihrem alten Eise einst von Skandinavien herüber auf diese Küsten gerührt haben, dazwischen mitunter auf die Fischerjollen einfache hölzerne Landungsbrücken, weit hinausgebaut, oder lange Linien von Netzen zum Trocknen aufgehangen. Zur Linken stiegen dann die gelben Lehmwände von Perd auf oder streckten sich Dünen von feinem weißen Sand, mit der violettblühenden Mannestreue und Weidenbüschen verziert, weit an der Küste daher.

Dabei nun diese lautlose Stille, kaum vom leisen Anschlage der kleinen Wellen unterbrochen; zuweilen der Flug einer Möwe oder Seeschwalbe, und immer die lange, lange Horizontlinie der Ostsee, an deren

Rande manchmal ein kleines Segel sich zeigte; ich wüßte gar keine Gegend so geeignet, sich seinen Gedanken und Gefühlen ganz dahinzugehen, als diese. Wir setzten uns mehrfach nieder zum Zeichnen, und als wir endlich den Strand verlassen mußten, um wieder nach dem Innern der Insel zu ziehen, trafen wir das erste größere Hünengrab, aus vier mächtigen Granitblöcken gehäuft, und nahmen auch davon den Kontur in unseren Mappen mit. In Wahrheit, ich würde schwerlich alles Detail dieser kleinen Wanderung hier, wo es mehr darum zu tun ist, von meiner gesamten geistigen Entwicklung ein treues Bild zu zeichnen, so ausführlich aufgenommen haben, wenn nicht wirklich diese Erscheinungen einen eigentümlich bleibenden Eindruck in mir zurückgelassen und an meiner inneren Fortbildung teilgehabt hätten, als welches ja auch allein macht, daß ich ihrer noch jetzt mit dieser Deutlichkeit mich erinnere. Liegen doch hunderterlei Fähigkeiten im Menschen und warten dann auf eine oder die andere Einwirkung von außen, um dadurch oder daran endlich zur tatsächlichen Offenbarung hervorzutreten!

Und so waren es also auch hier namentlich zwei Momente, welche gerade nur infolge dieser Rügenschen Phantasmagorien zur Entwicklung gelangen sollten, einmal die tiefere Fühlung des eigentümlich norddeutschen romantischen Elements und ein andermal das vollkommenere Verständnis dessen, was man in der Zeichnung die Linie nennt. Doch ich habe nun noch zweier großer Erscheinungen auf damaligen Wanderungen zu gedenken, bei welchen ebenfalls das Kapitel von der Linie die reichste Anwendung finden muß – nämlich des Besuchs von Stubbenkammer und des von Arkona.

Am 17. August zogen wir von Bergen fort, nachdem wir noch auf der Anhöhe in der Nähe der kleinen Stadt – dem Rugard – dem höchsten Punkte der ganzen Insel, wo in grauer Vorzeit die Burg des alten Fürsten Jaromer gestanden, und die etwas einförmige Aussicht betrachtet hatten, und wendeten uns über die Jasmunder Fähre und Sagard nach der schönen und weiten Buchenwaldung, welche das gepriesene Stubbenkammer ankündigt. Hier gegen Abend verabschiedeten wir das leichte Bergensche Fuhrwerk und wanderten nun den Fußweg durch die grünen Laubgänge, indem von weitem schon das Rauschen des Meeres mit dem nahen Spiel des Windes in den Blättern sich mischte.

Mit eins öffnet sich der Wald, wir stehen an den jäh abstürzenden Kreideklippen des Königsstuhls, junge Rotbuchen wehen mit ihren weit hinabhängenden Ästen über der tief unten brausenden Brandung, und in breiter Ausdehnung bis an die feine Linie des Horizonts dehnt sich der blaugraue Spiegel der Ostsee, während feiner Regen herabsprüht und unter fernem Donner ein Regenbogen östlich über der Wasseroberfläche sich aufbaut. Wie jemand, der mit viel Sinn für Musik sich immer an leichten Melodien und heitern Gesängen hat begnügen müssen und dem nun mit einemmal eine große vollständige Beethovensche Symphonie ins Ohr dröhnt, so ungefähr war mir, und man wird es um so mehr verstehen, wenn ich sage, daß ich von dieser Reise manche für immer nachwirkende Naturanschauungen heimgebracht habe.

Wir übernachteten in dem kleinen Fremdenhause unter diesen Buchen. In tiefer Dunkelheit ging ich noch heraus, um bei dem fast phosphorähnlichen Leuchten der Kreidewände dem Brausen der See in der Tiefe zu horchen, sowie früh ich der erste war, der die Morgensonne auf diesen weißen Klippen und dann unten am Strande begrüßte. Hier traf ich eine Stelle, wo der Ostwind stärker die Fluten herantrieb, hoch und braun die Wogen anrollten und, schäumend sich überschüttend, ja immer neu sich gebärend, auf dem Küstensande zerschellten. Ich wollte Studien zeichnen, aber kaum hatte ich ein paar Striche gemacht, als ich die Mappe weit wegschleuderte in der Überzeugung, hier sei jeder Strich nur eine Lästerung dieses ganz überschwenglichen Phänomens, und dann nur in höchster Bewegung dem wunderbaren Kampfe des Elements zustarrte. Gerade dadurch hatte ich ihn indes tiefer der Seele eingegraben. Ich habe im folgenden Jahre dann ein Bild von dieser Brandung gemalt, dem ich die Fühlung eines eigenen Naturlebens noch jetzt zusprechen muß und welches vielleicht verdiente, einmal eine etwas sorgfältigere Aufstellung zu erfahren, als ich ihm gegenwärtig, wo es unter altem Plunder vergraben hängt, eben gewähren kann.

Nachdem übrigens die Gewalt all dieser ersten Eindrücke etwas sich gemäßigt hatte, fing doch auch an, das geologische Phänomen jener merkwürdigen Kreidebildung sein Recht auf mich geltend zu machen. Solche meilenweit dahingestreckt zwischen 400 und 500 Fuß hohen, seltsam zerklüfteten Kreidewände, mit den Millionen eingeschichteter Feuersteine, gaben allerdings über ihre Entstehung vieles zu denken! Noch wußte man damals nicht, was Ehrenberg später entdeckt hat, daß alle diese Ungeheuern Massen wunderbaren, nur mikroskopisch erkennbaren kleinen Geschöpfen (Polythalamien) und deren schneckenartig gewundenen Gehäusen ihre Entstehung verdanken, man wurde nur durch tausendfältige, größere, eingeschlossene Körper, Seeigelschalen und Stacheln, Muscheln, Korallen und Sepienstücke darauf hingewiesen, dies alles als Absetzung früherer Flutperioden des Planeten zu betrachten, indes es war darum nicht weniger merkwürdig; bleibt es ja doch in gewissem Sinne zuletzt immer unbegreiflich!

Der Strand war erfüllt mit losen und teilweise zertrümmerten Feuersteinen, die sich ebenfalls bald deutlicher, bald undeutlicher als Versteinerungen zu erkennen gaben, und so sah ich neben den Schönheiten der Form in Linie und Farbe nun auch in manches Geheimnis der Wissenschaft gegenständlicher und heller hinein!

Ich verweilte den ganzen Vormittag an dieser merkwürdigen Küste, stieg nach Klein-Stubbenkammer hinauf, zeichnete noch viel und durchstrich die Waldung der Stubnitz bis zu dem kleinen dunklen See in ihrer Mitte, in dem man das heilige Gewässer wiederfinden will, aus welchem zu beglückter Jahreszeit die Göttin Hertha ihren Wagen emporhob zu ihrem segenbringenden Zuge durch das Land und worin sie ihn dann wieder verbarg. Ich war doch noch nie so nahe von der alten Sagenwelt unseres nordischen Stammes berührt worden als hier, und wieviel späterhin die Kritik auch an dergleichen zurechtzulegen hat, in der Gegenwart weht immer ein besonderes Gefühl aus solchen Dingen zu uns.

Auf dem Wege zum letzten Glanzpunkte von Rügen – Arkona – hatten wir am nächsten Tage eine sonderbare flache, schmale Landzunge zu überwandern,
welche zwei große Inselteile, Jasmund mit Wittow, ver-

bindet. Auf einer Seite hat man die weite offene Ostsee, deren Wellen, wenn sie hoch gehen, oft die ganze
flache Strecke überspülen, von der andern Seite dehnt
sich ein breites Binnengewässer weit in die Insel hinein. Es ist ein sonderbarer Anblick, der schmale, von
den Wellen festgeschlagene feine weiße Sandboden,
nur mit wenigem Weidengesträuch und Büschen des
grauen Dünengrases (Elymus arenarius) überwach-
sen, auch hoch vom angeschwemmten Seetang (Fucus
vesiculosus) überstreut! Bei stürmischem Wetter, wenn
die Wogen hoch heranrollen und den Weg überspülen,
mitunter kaum zu passieren. Etwas reizte mich jedoch
auch hier besonders, was ebenfalls weit in die alte Geschichte hinaufdeutet, nämlich dieser Strand war ein
berühmter Fundort des Bernsteins. Wir suchten denn
auch selbst eifrig zwischen dem ausgespülten Seetang,
und wirklich, einige Fragmente des vorweltlichen
verhärteten Baumharzes belohnten die Mühe des Su-
chers. Von diesen weit entfernten nordischen Küsten
also hatten Römer und Griechen schon diesen feinen
goldgelb und braunen Schmuck sich geholt. Ich habe
diese kleinsten kostbaren Fragmente lange aufbewahrt.

Arkona selbst war damals ein ganz öder, wüster
Punkt; wir übernachteten in dem ihm zunächst gelegenen Puttgarten in einer Scheune, standen dann früh
auf und gingen hinaus zu jener äußersten nördlichen

Spitze deutschen Landes, wo drei Vierteile des Horizonts durch die freie weite Ostsee gegeben sind und in nebellichter Ferne im Westen die Kreidewände der dänischen Insel Möen gesehen werden. Arkona ist ein rechter Gegensatz zu Stubbenkammer, ebenso breit und weit und öde, als diese hoch, bewaldet und in den Formen unterbrochen ist. Diese lange Linie seltsam zerbrochener Kreidewände, zum Teil mit unzähligen Schwalbennestern bedeckt, der breite hallende Strand mit seinem unendlichen Feuersteingeröll und die weite stahlgraue Fläche der See: es machte mir alles den eigentümlichen Eindruck echter und ungestörter Urnatur.

Von nun an wendete sich unser Weg rückwärts: wir berührten Altenkirchen, das durch Kosegarten bekannt gewordene, wo jetzt ein Freund Friedrichs, Pastor Schwarz, seine Stelle verwaltete, eine treue, gute, etwas breite Natur, der Kunst dilettantisch zugeneigt und selbst schriftstellernd in diesem Sinne. Wir widerstanden der Einladung zu längerm Verweilen, hatten jedoch noch eine schöne Abendstunde an dem weiten Binnengewässer, welches hinter Altenkirchen gegen Jasmund sich ausstreckt und wo merkwürdige alte Runensteine ein langes Hünengrab, oder auch wohl nur einen geheiligten Hügel einfassen.

—— CARL GUSTAV CARUS, 1819

RÜGENSCHE KÜSTE

Es gibt nichts Lieblicheres als
die stillen, von Busch und Baum
oder saftigen Wiesen bis an den
schmalen, gelben Sandstreifen
eingerahmten Buchten der pommerschen und besonders der
Rügenschen Küste.

—— FRIEDRICH SPIELHAGEN

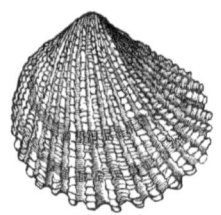

RÜGEN

Rügens Kreidemauern ragten
Aus dem Meere marmorhell,
Weißbemützte Wogen jagten
Über Feuersteingeröll,
Ostwind, Sonne, Fischgeruch,
Fernsicht, goldbeschienen,
Scherze, froher Seemannsfluch,
Ausgelaßne Mienen.

—— HERMANN LÖNS

AUF ARKONA

Meerumschlungen und kreidegrün,
märendurchklungen und heldenkühn,
Herden im Hage, reifendes Feld,
flüsternde Sage, Lug in die Welt.

—— GERHART HAUPTMANN, 1885

AM MEER

Ich träum am Wasser
tiefe Einsamkeit
im Mittag blasser
Rinnen Leid und Zeit.

Ich selbst ertränke
schwirrte nicht im Rohr
Libellenflug und sänke
schläfrig mir ins Ohr.

Leicht plätschern Wellen
spielen sich ans Land
ertrinken im goldenen hellen
Glutduft atmenden Sand.

—— MAX KRUSE

AM STRAND IM MORGENROT

Ich trank in schnellen Zügen
Das Leben und den Tod
Beim Königsstuhl auf Rügen
Am Strand im Morgenrot.

Ich kam am frühen Tage
Nachsinnend einsam her,
Und lauscht' dem Wellenschlage,
Und schaute übers Meer.

—— ADELBERT VON CHAMISSO, 1823

RÜGEN UND
SEIN RÜGENDAMM

Schon einmal hat deutsche Ingenieurkunst bewiesen, daß es für sie kaum technische Schwierigkeiten gibt, wenn es darum geht, den Kampf mit der riesenhaften Kraft der Elemente aufzunehmen, und zwar mit der gefährlichsten Naturgewalt, den flutenden, ungezügelten Wassermassen. Das war vor wenigen Jahren, als die Insel Sylt durch den Hindenburgdamm mit dem Festland verbunden wurde. Jetzt ist ein dreifach so großes Werk im Entstehen: der Rügendamm, der Deutschlands größte Insel mit dem Vaterland bei der schönen, alten Stadt Stralsund in etwa drei Jahren verbinden wird. Ein Unternehmen, das nicht nur seinen technischen Reiz hat; es verdient auch darum Bewunderung, weil der Plan seit mehr als 200 Jahren besteht, immer wieder aber zurückgestellt wurde, bis die Reichsbahn einsah, daß der Fährbetrieb zwischen Vorpommern und Rügen ein unhaltbarer Zustand ist, der den modernen Verkehrsanforderungen in keiner Weise mehr gerecht wurde.

Noch im letzten Augenblick drohte der Bau des Dammes zu scheitern. Die Reichsbahn sollte von Schweden eine Anleihe von 20 Millionen Mark bekommen; durch das Zurückgehen des Kronen-Kurses wurde die Anleihe in Frage gestellt. Man hat sich so geholfen, daß man die Bahnstrecke nicht, wie anfangs vorgesehen, zweigleisig, sondern zunächst eingleisig bauen wird, womit der gefallene Kronen-Kurs ausgeglichen wird. Staat, Reich, Provinz Pommern, Stadt Stralsund und Kreis und Gemeinden Rügens haben weitere 10 Millionen aufgebracht, um den Bau sicherzustellen. Es wird an ihm kräftig gearbeitet, so daß, falls keine unvorhergesehe nen Zwischenfälle eintreten, mit der Fertigstellung zum Sommer 1935 gerechnet werden darf. Auch Rostock und überhaupt Mecklenburg wird Vorteile vom Rügendamm haben, weil der ganze Verkehr von Hamburg nach Rügen durch Mecklenburg und seine Orte führt.

Rügen wird Festland; Deutschlands größte Insel wird allerdings nichts vom Insel-Charakter einbüßen, denn das Eiland der alten Rugier wird nicht wie eine, sondern wie viele Inseln empfunden, weil es durch und durch zerbuchtet, zerrissen, abgeschnürt und innerlich immer wieder aufgeteilt ist. Ein Urzustand wird wiederhergestellt, denn früher hing die Insel mit dem pommerschen Festland zusammen.

Der Damm wird eine Gesamtlänge von 2500 Metern haben. Er wird eine (vorläufig eingleisige) Bahnstrecke, eine 6½ Meter breite Autostraße und einen

Fußweg von 2 Metern Breite tragen. Der Damm, der eine Kronenbreite von 18 Metern erhält, wird von fünf Brückenöffnungen zur Regulierung des Wasserspiegels im Strelasund und von zwei Durchlaßöffnungen für die Schiffahrt aus schweren Eisenkonstruktionen zu je 50 Metern und einer Klappbrücke für größere Dampfer zu 25 Meter Länge unterbrochen. 500 000 Tagewerke Erdarbeiten sind erforderlich, um dem Damm ein festes und sicheres Fundament zu geben. Es sind erhebliche Tiefen und Strömungen im Sund zu überwinden. Schiffahrt und Fischerei bleiben aber durch den Bau ungefährdet.

Stralsund, die Stadt der gepflegten und schönen Anlagen und Plätze, der gotischen Hallenkirchen und traulichen Gäßchen und gemütlichen Weinstuben bildet den einen Brückenkopf Rügens. Greifswald, die älteste preußische Hochschulstadt den andern. Greifswald bildet den Übergangsplatz zu den Mönchgut-Bädern auf Rügen, zu Thiessow und Baabe, während sich Stralsund rühmen darf, das Eingangstor zu Bädern wie Binz, Sellin, Breege-Juliusruh, Lohme und Putbus Lauterbach zu sein.

Mehr als 100 000 Badegäste besuchen im Sommer die Insel, um teils in einem idyllischen Fischerort, in einem gemütlichen kleinen Bad, in einem familiären mittleren Kurort oder in einem Weltbadeort Erholung zu finden. Denn von Arkona herab bis Thiessow drängt sich an der Ostküste des Eilandes ein Bad am andern. Jedes verschieden in seiner Lage, seiner Eigenart, seinen Vorzügen.

Man kommt über den Sund, kommt zur Hauptstadt der Insel, Bergen mit dem Rugard, ihrem Wahrzeichen, auf dem der Ernst-Moritz-Arndt-Turm ragt. Mit der Marienkirche und dem Finanzamt dokumentiert dieses alte, liebe, hutzlige Kleinstädtchen seine Bedeutung als Metropole des Landes. An Dörfern und Gütern, an Äckern und Weiden, an Wald und Flur, ebener und welliger, geht es vorbei bis in die alte Residenz Putbus. Putbus ist ein Park aus einem Märchen. Ein weißes Renaissance-Schloß steht inmitten uralter Bäume, die noch Friedrich den Großen gekannt haben, den Großen Kurfürsten sogar; Bismarck wandelte im Schatten der Koniferen, und Hindenburg stand vor nicht allzulanger Zeit unter tausendjährigen Eichen. Alleen, Promenaden, Plätze, über die alte, pensionierte preußische Militärs spazieren, ein Wildpark, ein Theater, baumbeschattete Wege und saubere, systematisch angelegte breite Straßen, an denen weiße Häuser stehen – still, vornehm, ruhig –, das ist Putbus, in dem der Geist des kunstfreudigen Fürsten Malte noch umzugehen scheint, der den Ort 1810 gründete. Grün, duftig, verträumt, wie aus besseren Zeiten grüßt uns Rügens fürstliche Residenz.

Bad Lauterbach liegt zwanzig Minuten, durch eine schattige Kastanienallee mit Putbus verbunden, vom Park ab. Es ist ein freundliches, sonniges Hafenörtchen mit berühmten Fischräuchereien, mit kleinem, aber sauberem Strand und im Sommer mit vielen Hunderten von Yachten in seinem geschützten Bodden-Gewässer. Die ionischen Säulen des ältesten Bades auf Rügen, des Friedrich-Wilhelm-Bades, leuchten aus dem Grün der Goor, eines krummwegigen, gemischten Waldes. Drüben liegt die Maler-Insel Vilm mit besonnten Buchten und Wiesenstrand. Ein Urwaldidyll, das jedes Einsamkeitsgelüst befriedigt.

Dann kommt das Mönchgut: moosüberwachsene Fischerhäuschen mit Gärten voll Orchideen, Amaryllis, Reseda davor. Man riecht brennendes Kiefernholz aus schwarzen Kaminen, riecht schwedischen Teer, der aus langen Heringsgarnen tropft, die wetterharte Männer, Nachkommen derber Westfalen, mit faltigen, erlebnisschweren Gesichtern aufhängen.

Man steigt über einen Berg, und unten blaut plötzlich das Meer! Wie ewig ist es in dieser klaren Weite. Am Strand liegen Menschen in feinem Sand, Strandkörbe stehen herum. Es ist Thiessow, Mönchguts einsamstes und verstecktestes Bad. Durch Heide führt der Weg, durch lange, herbe Heide, bis man in Baabe landet, einem noch jungen, lebenslustigen Ort. Dichter Kiefernwald auf Heidegrund, weite Wiesen und wellige Felder, Dünen und Meer und See kreisen den Ort ein. Reizvoll der Strand, die Mischung aus Hotels und Pensionen, die zwischen strohgedeckten Fischerhäuschen stehen und Baabe ein trauliches, anheimelndes Gepräge geben.

Es wandert sich gut durch dämmerige Dünen bis gen Sellin, das hoch und fest in Wald gebettet ist und sich tief in das Land zieht, mit den Schultern am Selliner See ruht, der gleichzeitig Rügens Flughafen darstellt. Köstlich ein Spaziergang auf der hohen Uferpromenade; köstlich ein Schwelgen in süßem Nichtstun im weichen, warmen, weißen Sand.

Eingelullt in üppige Laub- und Nadel-Waldungen, umkränzt von welligen, windschützenden Höhenzügen und einem ausgedehnten, romantischen Süßwasser-See, liegt Binz, Rügens größtes Bad, am südwestlichen Ufer der Prorer Wiek, einer sanftgeschwungenen Sandnehrung, die den glücklichen Zufall des weißen, breiten Strandes schuf. Eigenartig berührt die Zwiespältigkeit des Ortes in seiner Eleganz am Strande und im alten Fischerdorf am Schmachter See. Da ist die liebe alte Granitz, ein hügeliger Buchenwald mit vielen verschwiegenen Pfaden, dem Aussichtsturm des Jagdschlosses der Fürsten Putbus und mit Geweih- und Waffen-Sammlungen. Auf Jasmund beginnt dann die Insel-Welt der Sage, wildromantisch in den weißen, leuchtenden Kreidefelsen verankert, auf Stubbenkammer mit dem prächtigen, imposanten Königsstuhl. Ein beglückender Uferweg am Meer entlang, auf hoher Steilküste, führt nach Lohme, dem aus Wald und Wellen geborenen Bad. Auch hier weiße, malerische Villen terrassenförmig angelegt, die die Erinnerung an italienische Felsennester aufkommen lassen. Hell und duftig der Ort über'm Meer, inmitten grassaftiger Weiden und gewellter Höhen.

Einer von den vielen kleinen Küstendampfern, die die Gewässer Rügens im Sommer beleben, entführt nach Juliusruh mit seinem waldumsäumten Strand, seinem vielhundertjährigen Park, seinem Rügenlager des Deutschen Kanuverbandes. Park Juliusruh weist nach Breege, einem sauberen, netten Fischerort mit reizenden Gärten und kleinem Hafen, der über Stralsund direkt durch den Dampfer »Fritz Reuter« den Verkehr aufrechterhält.

Am andern Tage steht man auf dem nördlichsten Ufer Deutschlands: auf den Kreidefelsen von Arkona mit gigantischen Leuchttürmen und der Marine-Signal-Station. Man gräbt sich aus dem freigelegten Swantevit-Tempel ein Stück verkohltes Balkenholz, wirft noch einmal einen Blick über die See, die Schwedens und Dänemarks Küste ahnen läßt, pumpt sich die Lungen recht voll mit frischer, gesundmachender Luft und nimmt Abschied von der Insel der Wunder.

—— OTTO R. GERVAIS

ELIZABETH AUF RÜGEN

Der erste Tag
Von Miltzow nach Lauterbach

Jeder, der zur Schule gegangen ist und sich noch daran erinnert, was er dort gelernt hat, weiß, daß Rügen
Deutschlands größte Insel ist und daß sie in der Ostsee
vor der Pommerschen Küste liegt.

Um eben diese Insel wollte ich in diesem Sommer
wandern, doch keiner wollte mitkommen. Wandern
ist die vollkommenste Art der Fortbewegung, wenn
man das wahre Leben entdecken will. Es ist der Weg
in die Freiheit. Denn wenn man sich anders als auf
seinen eigenen Füßen vorwärtsbewegt, so geht das viel
zu schnell, und man versäumt tausend kleine zarte
Freuden, die am Wegrand warten. Fährt man mit einer Kutsche, so ist man durch eine Vielzahl von Dingen, auf die man Rücksicht nehmen muß, gebunden;
die acht wichtigsten davon sind die Pferdebeine. Und
was ein Auto angeht, so war der Sinn meiner Unter-
nehmung nicht, schnell anzukommen, sondern lange
dortzusein.

Nacheinander forderte ich die geeignetsten meiner
Freundinnen auf – mindestens ein Dutzend –, mit mir

zu wandern. Alle miteinander gaben mir zur Antwort, das würde sie ermüden, auch sei das einfach langweilig. Wenn ich versuchte, den ersten Einwand zu entkräften, indem ich ihnen sagte, wie enorm gesund es für die deutsche Nation sein würde – und besonders für den Teil davon, der erst geboren werden sollte –, wenn die Frauen öfter um Rügen herumwanderten, sahen sie mich mit großen Augen an und lächelten.

Daher fuhr ich mit der Kutsche, und zwar rund um Rügen herum.

Die Sache fing damit an, daß ich an einem heißen Nachmittag in der Bibliothek herumstöberte und nichts richtig las, sondern nur an den Büchern fingerte, mal hier eins herausnahm und mal dort hineinlugte und mir überlegte, welches ich als nächstes lesen wollte. Dabei stieß ich auf Marianne North's »Recollections of a Happy Life« und auf die Stelle, wo sie anfängt, von Rügen zu erzählen. Sofort war mein Interesse geweckt, denn liegt Rügen mir nicht näher als jede andere Insel? Ich vertiefte mich in ihre Beschreibung des Badens an einem Ort namens Putbus, wie köstlich das war in einer sandigen Bucht, deren Wasser stets ruhig war. Dort also schwamm man auf einer kristallklaren Wasserfläche, und wundervolle Quallen oder Medusen leuchteten wie Sterne in den reinsten

Farben. Ich warf das Buch beiseite und durchstöberte die Regale auf der Suche nach einem Reiseführer durch Rügen. Gleich auf der ersten Seite stand folgender bemerkenswerte Satz:

»Vernimmst du den Namen Rügen, so befällt dich ein holder Zauber. Vor deinen Augen steigt es empor wie ein Traum ferner himmlischer Feenreiche. Bilder und Gestalten aus uralter Zeit winken dir zu aus verwunschener Landschaft, wo sie in grauen Vorzeiten lebten und die Schatten ihrer Gegenwart hinterließen. Und in dir regt sich ein mächtiges Sehnen, über diese herrliche, sagenumwobene Insel zu wandern. So schnüre denn dein leichtes Bündel, beherzige Shylock's Rat und tu Geld in deinen Beutel und folge mir, ohne die Seekrankheit zu fürchten, die dich während der kurzen Überfahrt befallen mag, sie hat noch niemandem mehr geschadet als ein rasch vergehendes Unbehagen.«

Ich wußte, es war nur ein klein wenig Energie nötig, und ich könnte in ein paar Stunden ebenfalls zwischen den Medusen im Schatten der Klippen dieser legendenumwobenen Insel schwimmen. Und war es nicht noch besser, statt an diesen erstickend heißen Tagen von Sagen umwoben zu sein, selbst im Meer gewiegt zu werden? Und in was für einem Meer! Kannte ich nicht seine einzigartige Durchsichtigkeit, seine göttliche Bläue, wo es tief war, sein klares Grün, wo es seicht war, wo es sich gezeitenlos vor bernsteingoldenen Küsten dehnte? Schon die Karte vorn im Reiseführer machte mich durstig, das Land darauf war von so üppigem Grün, das Meer ringsum so schmeichelnd blau. Und wie faszinierend ist die Insel auf der Landkarte, eine Insel voller Windungen und Kurven, mit kleinen Inlandmeeren, Bodden genannt. Seen und Wäldchen und viele Fährschiffe; vor den Küsten kleinere Inseln, wie dahingetupft; zahllose Buchten und ein riesiger Wald, augenscheinlich großartig, der sich an der Ostküste entlangzieht und ihren Windungen folgt, der an manchen Stellen bis zum Meer hinabreicht, an anderen hinaufsteigt bis zu den Kalkfelsen, die er mit der besonderen Pracht der Buchen krönt.

Es dauert nie lange, bis ich einen Entschluß gefaßt habe. Noch schneller war mein leichtes Bündel geschnürt, da es jemand anders für mich schnürt. Zwei Tage nachdem ich Marianne North und den Reiseführer entdeckt hatte, stiegen meine Jungfer Gertrud und ich aus dem erstickend heißen Zug und wurden von der kühlen Frische der Roggenfelder nahe der See umweht. So begann unsere Reise ins Unbekannte. Eine kleine Station an der Strecke Berlin – Stralsund, Miltzow genannt, ein einsames rotes Haus am Rande eines Kiefernwäldchens waren Zeugen vom Beginn unserer Reise. Die Kutsche war schon am Tage vorher hingefahren.

Wir befanden uns an der Stelle, die Rügen am nächsten liegt. Fast alle Touristen, meist deutsche, gehen zuerst nach Stralsund, fahren samt Eisenbahn auf der Dampffähre über den schmalen Wasserstreifen und setzen ihre Reise ohne umzusteigen fort, bis sie die offene See auf der anderen Seite der Insel bei Saßnitz erreichen. Oder aber man fährt mit dem Zug von Berlin nach Stettin und dann mit dem Dampfer die Oder hinab, überquert die offene See in vier Stunden und steigt – vermutlich etwas beklommen, da die Boote klein und die Wellen oftmals hoch sind – in Göhren an Land, dem ersten Landungsplatz an der Ostseite der Insel.

Wir waren andere Touristen. Da wir in Miltzow ausstiegen, waren wir unabhängig von langweiligen Beschwernissen wie Eisenbahnen und Dampfern. Wir konnten zurückkehren, wann immer wir dazu Lust hatten. Von Miltzow aus wollten wir drei Meilen bis zur Fähre an einem Ort, Stahlbrode genannt, fahren, dort eine Meile Wasser überqueren, an der Südküste der Insel landen und noch am selben Nachmittag zu den Quallen weiterfahren, die Miss North uns in Putbus versprochen hatte und die mir von der legendenumwobenen Insel aus unwiderstehlich zuwinkten.

Kein Ort kann unschuldiger und harmloser aussehen als Stahlbrode – ein zusammengedrängter Haufen von Bauernhäusern auf einer Grasfläche, die sich bis ans Wasser erstreckt. Es war leer und still. Am Ende eines schmalen Dammes aus Holz, der von der sumpfigen Küste bis zur Fähre führte, war ein großes Fischerboot mit zusammengerollten braunen Segeln vertäut. Ich stieg aus und ging hinunter, um zu sehen, ob dies die Fähre sei und ob der Fährmann da war. August und die Pferde sahen mir mit alarmiertem wachsamen Ausdruck nach, als ich in den Rachen des Meeres wanderte. Selbst die unbewegliche Gertrud legte ihren Strickstrumpf beiseite und stellte sich neben die Kutsche, um mir nachzusehen. Die Bohlen des Dammes waren nur grob zusammengefügt und so schmal, daß die Kutsche nur knapp hinaufpassen würde.

Die Küste, auf der wir standen, war flach und leuchtend grün, die Küste von Rügen gegenüber war flach und leuchtend grün, und die See dazwischen war von reizendem glitzerndem Blau. Am Himmel trieben lockere perlfarbige Wolken. Der leichte Wind, der die Ähren bei Miltzow so sanft bewegt hatte, tanzte auf den kleinen Wellen und warf sie vergnügt plätschernd gegen die hölzernen Pfosten, wie von frischer Kraft erfüllt. Das Boot war leer, ein Ding mit steilen Seitenwänden und einem gewölbten Boden, und es war sicher nicht dafür geplant, eine Kutsche mit Pferden überzusetzen. Weit und breit war kein anderes Boot zu sehen. Auf beiden Seiten der Wasserstraße sah man nur flache grüne Küsten, tanzende Wellen, den weiten Himmel im milden Licht des Nachmittags.

Wie ich gefürchtet hatte, kippte die Kutsche ums Haar um, als sie über den Rand des Boots fuhr. Ich saß aufrecht im Bug und sah voller Grauen zu, ich erwartete jeden Augenblick, daß die Räder zu Bruch gingen – und damit unsere Ferien. Der optimistische Fährmann versicherte, daß alles ganz leicht ginge – die Kutsche sei wie ein Lamm, behauptete er mit viel kühner Phantasie. Er hatte zwei ganz ungeeignete Bretter über den Rand des Boots geschoben. Er und August, beide ohne Hut, ohne Jacke, atemlos, hoben den Wagen darauf. Ein schrecklicher Moment. Die Vorderräder verdrehten sich und schienen so nahe daran, abzubrechen, wie es Räder nur sein können. Ich wagte nicht, August anzusehen. Wie recht hatte er, zu behaupten, daß die Sache nicht ginge. Aber dort lag Rügen, und hier waren wir, und irgendwie mußten wir hinüber.

»Wir machen so was täglich«, bemerkte der Fährmann und wies heiter mit dem Daumen auf die Kutsche.

»Fahren denn viele Leute mit dem Wagen nach Rügen?« fragte ich erstaunt, denn die Bretter waren offensichtlich behelfsmäßig.

»Viele Leute?« schrie der Fährmann. »Wahrhaftig – jede Menge!« Er versuchte, mich damit glücklich zu machen. Jedenfalls beruhigte er August mit dieser enormen Schwindelei.

Unterdessen hatten wir Fahrt gewonnen, ein frischer Wind trieb uns fröhlich übers Wasser dahin. Der Fährmann steuerte, August stand bei seinen Pferden und redete beruhigend auf sie ein. Oh, es war himmlisch, so im Sonnenschein zu sitzen und sich einstweilen sicher zu fühlen. Das braune Segel war mit braunen, roten und orangefarbenen Flicken besetzt und ragte hoch auf gegen den Himmel. Der riesige Mast schien die kleinen weißen Wolken zu streifen. Neben dem Plätschern des Wassers konnten wir Lerchen an beiden Küsten vernehmen.

Die Augen des Fährmanns hatten ihre Wachsamkeit, die sie an Land gehabt hatten, verloren. Er stand am Steuer und schaute träumerisch auf die Wiesen von Rügen im Nachmittagslicht. Es war vollkommen. Nach der Fahrt im Zug, dem Getrappel der Pferde auf der staubigen Landstraße und all der Hitze und Aufregung beim An-Bord-Gehen wurden wir eine köstliche Viertelstunde lang sanft plätschernd im Sonnenschein hinübergeschaukelt, und für all diese Schönheit zahlten wir nur drei Mark, die Mühe des Ein- und Ausladens inbegriffen. Der Fährmann bekam noch etwas darüber und war derartig beglückt, daß er mich bat, bestimmt auf demselben Weg zurückzukommen.

An der Küste in Rügen stand ein einziges Haus, dort wohne er, sagte er, und von dort würde er nach uns Ausschau halten. Wir erblickten kein lebendes Wesen außer einem kleinen Hund, der uns wedelnd entgegenkam. Die Kutsche benahm sich auf diesem Ufer wirklich wie ein Lamm, und ich fuhr dahin, höchst zufrieden, daß wir den schwierigsten Teil der Reise hinter uns hatten. Der Fährmann mit der weichen Stimme wünschte uns glückliche Reise.

So waren wir nun auf der legendenumwobenen Insel. »Heil dir, du Märcheninsel, mit deinen winkenden Gestalten«, flüsterte ich vor mich hin.

Ungefähr anderthalb Meilen vor uns lag Lauterbach, es bestand aus einigen verstreut liegenden Häusern am Wasser, und ganz für sich, abseits, eine Meile links von Lauterbach, erblickte ich das Hotel, in das wir gehen wollten, ein langgestrecktes weißes Gebäude, etwa wie ein griechischer Tempel mit einem Säulengang und einer Treppenflucht, auffallend weiß vor dem Hintergrund der Buchen. Wälder und Felder und Meer und eine entzückende kleine Insel nahe der

Küste, Vilm genannt, badeten im goldenen Schein der untergehenden Sonne.

Also war wohl Lauterbach und nicht Putbus der Ort der leuchtenden Quallen, des kristallklaren Wassers und der bewaldeten Buchten. Eine kleine Bahn führt bis an die Küste. Wir überquerten die Geleise und fuhren zwischen Kastanien und grünen Böschungen zum griechischen Hotel.

So bezaubernd der Eindruck war, als wir aus dem tiefen Schatten in die offene Weite vor dem Haus gelangten, so deutlich war nun zu sehen, daß die Zeit es nicht geschont hatte. Die See war einen Steinwurf entfernt jenseits einer grünen, sumpfigen Wiese. Wir fuhren bis an die Stufen, aber es rührte sich keine Seele. Wir warteten einen Augenblick, als hofften wir, eine Glocke läuten zu hören und Kellner herbeistürzen zu sehen. Doch niemand erschien.

»Soll ich mal reingehen?« fragte Gertrud.

Sie stieg die Stufen hinauf und verschwand hinter Glastüren. Gras wuchs zwischen den Steinen der Stufen, die Mauern des Hauses waren von nahem feuchtgrün. Die Decke des Säulenganges war in Vierecke geteilt und himmelblau bemalt, aber stellenweise waren Farbe und Gips abgefallen. Dies alles und die Stille verliehen dem Ort ein seltsam verödetes Aussehen. Man hätte meinen können, es sei geschlossen, wenn man nicht in dem Säulengang einen Tisch mit einer rot-weiß karierten Decke und einer ermutigenden Kaffeekanne erblickt hätte.

Gertrud tauchte wieder auf, von einem Kellner und einem kleinen Buben gefolgt. Der Kellner versicherte mir, daß gerade ein einziges Zimmer für mich noch frei sei, und durch einen besonders glücklichen Zufall eines daneben für das Fräulein. So folgte ich ihm die Stufen hinauf, durch eine geräumige getäfelte Halle. Ein schmaler Tisch an der einen Seite sah aus, als sei dort gerade zu Abend gegessen worden. Weiter ging es durch verzwickte Gänge, über kleine Innenhöfe mit Hecken und grünen Gewächsen. Fliederbüsche in kleinen Tonnen schienen die Aufgabe zu haben, wie Orangenbäumchen in Italien auszusehen, und die weißen Gipswände, an vielen Stellen verschimmelt, wie Marmorwände eines klassischen antiken Bades. Es ging wunderliche Treppen hinauf, die sich beunruhigend nach einer Seite senkten, bis der Kellner eine der vielen kleinen Türen aufriß und stolz vekündete: »Hier ist das Zimmer, ein großes, ein prachtvolles Zimmer.«

Das Zimmer war von der Art, daß der Gast, dem es gezeigt wird, augenblicklich fest entschlossen ist, eher zu sterben, als es zu bewohnen. Nein, nie würde ich in dieser düsteren Nische schlafen. Eher würde ich den örtlichen Behörden trotzen, meine Reisetasche zum Kopfkissen nehmen und die Nacht bei den Grashüpfern verbringen. Obwohl der Kellner, zu Ehren des Hauses, versicherte, dies sei das einzige noch freie Zimmer, sagte ich mit fester Stimme: »Zeigen Sie mir etwas anderes.« Es erwies sich, daß beinah das ganze Haus zu meiner Verfügung stand. Kaum ein Dutzend Gäste hielt sich darin auf. Ich wählte ein Zimmer, dessen Fenster auf den Säulengang hinausgingen und von dessen Bett aus ich eine Reihe friedlicher ländlicher Bilder sehen konnte. Die Dielen waren schmucklos, und das Bett war mit einem vielfarbigen Deckbett versehen, das offenbar von Flecken ablenken sollte. Ja, der griechische Tempel war entschieden kümmerlich und fand sicher nur bei den einfachsten und anspruchslosesten Touristen Anklang. Hoffentlich bin ich einfach und anspruchslos. Jedenfalls fühlte ich mich so, als ich mir das Zimmer ansah, in dem ich aus freiem Willen schlafen – ja nicht nur schlafen, sondern sogar sehr zufrieden sein würde.

Gertrud war hinuntergegangen und kümmerte sich um das Gepäck. Ich lehnte mich aus einem meiner Fenster und genoß die Aussicht. Ich war ganz nahe bei den himmelblauen Vierecken an der Decke der Säulenhalle, ich konnte das grasbewachsene Pflaster von oben sehen und den Kopf eines sinnenden Touristen, der unter mir sein Bier trank. Der Säulengang rahmte gen Norden Himmel und Felder und eine entfernt liegende Kirche ein; das Südende zeigte ein Bild mit leuchtendem Wasser, das durch Buchenzweige schimmerte; vor mir schlossen zwei Säulen die Landstraße ein, durch die wir gekommen waren, und die letzten weißen Häuser von Putbus zwischen dunklen Bäumen.

In meiner Freude muß ich laut vor mich hin gesprochen haben, denn Gertrud, die mit der Reisetasche hereinkam, fragte: »Haben gnädige Frau etwas gesagt?«

Unmöglich, meine verzückten Worte vor Gertrud zu wiederholen; ich verwandelte sie in die bescheidene Bitte, sie möge das Abendessen bestellen.

Heute, da ich dies schreibe, mit trauervollen Novemberfeldern vor den Fenstern, erinnere ich mich wehmütig der Schönheit dieser Mahlzeit. Nicht etwa, daß ich wundervolle Dinge zu essen bekam. Weitschweifige Beratungen mit dem Kellner führten nur zu Eiern. Doch man brachte sie an einen abgelegenen geschützten Platz unter den Buchen am Wasser, und dieser kleine Schlupfwinkel an gerade diesem Abend war der hübscheste der Welt. So verzehrte ich begeistert meine Eier und murmelte dabei: »O goldner Überfluß der Welt ...« Was machte es aus, daß das Tischtuch feucht war und noch andere Unzulänglichkeiten aufwies? Was schadete es, daß die Eier sofort kalt wurden, und kalte Eier sind mir stets verhaßt gewesen. Und was machte es, daß der Kellner den Zucker zum Kaffee vergessen hatte, der mir doch sonst so wichtig ist? Mein Tisch war fast auf der gleichen Höhe wie die See. Eine Entenfamilie paddelte langsam dahin, hinterließ kleine Rillen im stillen Wasser und gab ein zufriedenes Schnattern von sich. Die Enten, das Wasser, die Insel Vilm gegenüber, die Landestelle von Lauterbach, eine halbe Meile über der kleinen Bucht, von Fischerbooten umgeben – alles glühte in rotem strahlendem Licht. Die Sonne war eben untergegangen, der Himmel hinter den dunklen Wäldern von Putbus war ein Wunder feierlicher Herrlichkeit. Die Buchen warfen schwarze Schatten aufs Wasser. Ich konnte die Stimmen der Fischer an der Landungsstelle hören und den Ruf eines Kindes drüben auf der Insel. Ich war mir all der Schönheit noch kaum bewußt, da erlosch das rosige Licht auf der Insel, lag noch einen Augenblick auf den Masten der Fischerboote, dann erstarb es überall. Der Himmel verblaßte zu einem hellen Grün, ein paar Sterne blitzten auf, ein Licht blinkte in dem einsamen Haus von Vilm, und der Kellner kam herunter und fragte, ob er eine Lampe bringen solle. Eine Lampe!

Als ob man nur den kleinen Kreis auf seinem Tisch um sich her brauchte, um die Zeitung zu lesen oder Ansichtspostkarten an seine Freunde zu schreiben. Ich habe eine eigene Fähigkeit, nichts zu tun und dabei glücklich zu sein.

—— ELIZABETH VON ARNIM

ZUM BADEN IN PUTBUS

Vom Meeresstrand aus öffnet sich ein hübscher Blick zwischen dem Vilm und der schräg überliegenden Küste hinaus auf das Meer. Weit draußen auf der Wasserfläche sieht man die Türme von Greifswald schimmern.

Angesichts dieser Stipendienstadt, wo trotz Hering und Stipendien immer so wenig Studenten waren, daß die Professoren äußerst ökonomisch mit ihnen umgehen mußten, um lesen zu können; wo auch der mathematische Grundsatz erfunden wurde: »Tres faciunt collegium«, angesichts dieser edlen Stadt stürzten wir uns ins Meer. Ich kann mir wohl denken, daß diese Türme, die man bei gutem Wetter und mit gesunden Augen am Horizonte sieht, dem Seebade Putbus nachteilig wurden: es hat etwas Schamverletzendes, von Türmen im Stande der Unschuld betrachtet zu werden. Wie leicht könnten Studenten, die nächst den Referendarien und den Damen des Serails am meisten Zeit haben, tubusbewaffnet auf diesen Türmen erscheinen und das größte Unglück anrichten!

Sonst ist das stille Meer, das heißt, die stille Ostsee, daran schuld, daß dieses Seebad nicht so besucht wird. Einmal nämlich ist die Bucht überall vom Lande eingeschlossen und nur nach dem Süden zu teilweise offen, dann sind auch die Südwinde seltener und immer schwächer und kommen obendrein vom Lande her. Es fehlt also ganz und gar am Wellenschlag, diesem geheimnisvollen Reiz eines Seebades. Die Oberfläche des Wassers ist glatt wie ein Teich. Man hat wegen des mangelnden Wellenschlages schon vorgeschlagen, an der sogenannten Granitz, wie dieser waldige Teil der Insel genannt wird, ein Seebad einzurichten, indessen paßt aller übrige Zuschnitt, der mit großem Aufwande für Putbus geschieht, nicht dafür. So wurde denn Putbus ein heiterer Sommeraufenthalt ohne besondere Betonung seines Charakters als Seebad.

Der Weg zu diesem Ort führt zwischen Feldern über eine mächtige Anhöhe hinauf. Wir traten sogleich in den Park- und Schloßbereich, der sich an den Hügellehnen hinzieht. Es war ein milder, sonniger Tag. Unter den schönen großen Bäumen war es still, im stattlichen Schloß saßen die Besitzer bei der Tafel. Alle Eingänge und Wege waren sauber und vornehm. Dick und behaglich lehnte der Portier am Schloßeingange, sein großer Hund, der neben ihm ruhte, blinzelte uns schläfrig an.

Von der Seite lockte samtgrün ein schöner Grasabhang, auf dem das Gewächshaus steht. Sanft wird das Auge von hier hinabgeleitet auf Strand und Meer. Alle

Ruhe und Behaglichkeit eines schönen und sorglosen Lebensstils umfing uns mit weichem Hauche. Wir legten uns auf den Rasen und träumten von schönen Versen, von treuen Augen, von weichen, streichelnden Händen und von sanfter Musik. Der tiefe Schatten des schönen Parkes mit seinen weißen Gebäuden führt noch weiter zum Tiergarten, wo große Hirsche in bequemer Gefangenschaft ihr Leben verträumen. Diese Anlage ist noch sehr jung, ursprünglich war sie ein Wald, in dem das Putbusser Steinhaus lag. Daraus wurde ein Schloß, der Wald lichtete sich zum Park. Jetzt bewegt man sich unter diesen Bäumen, als sei man in Altengland auf dem müßigen, reich gepflegten Boden eines Millionenlords, der Wald und Meer zu seinem Behagen nötigen kann.

Nach der Saison hat das weiße Städtchen in seiner Leere etwas Totes. Man hört die eigenen Schritte. Ich kaufte mir für zwei Silbergroschen einen Eichenstab und begleitete meinen Gefährten aus dem offenen Örtchen hinaus nach dem Walde und den Bergen zu.

—— HEINRICH LAUBE

IN DER FLUT

Man sitzt in der Flut wie in einer
Badewanne. Doch, da kommt was
an. Wunderbare Schale von Kristall
mit veilchenfarbenem Inhalt ...
Ach nein: eine Qualle. Sechzig
Quallen, hundert, anderthalb hundert kommen in fast einer Reihe ran,
vom aufsteigenden Wind gelenkt.

—— ALFRED KERR, 1920

WÜNSCHE

Ich wollte allein sein und die See anschauen.
Wenn man noch jung ist, hat man solche
Wünsche, später ist man sich selbst meist
zur Last. Später kennt man sich selbst nur
zu gut. Aber damals hatte ich noch keine
Ahnung von mir und fand mich hochinte-
ressant. Nun, ich kam an die Seel, die hier
natürlich nur »Bodden« heißt, gut zwei Kilo-
meter ab hatte ich vor der Nase die gelbgrüne
Küste Rügens.

—— HANS FALLADA

RÜGEN 1944

Von dieser Kreide ein Stück
und ich könnte damit
die steile Küste beschreiben
Den Feuerregenfelsen
bei untergehender Sonne
Die beiden Boote
die die Segel strichen
Die zugestöpselte Flasche
im Schwappen der Uferschwellen

Wir sprangen kopfüber
in unsern gespiegelten Berg
um nach der Botschaft zu fischen
Das Meer verschloss uns die Ohren

Was dann und wann unter Wasser
die Schirme der Quallen zuspannte
die kalkigen derben
an Klippen gehefteten
Schwämme erbeben ließ

waren die Salven
der Wunderwaffe
aus Peenemünde

— EVA ZELLER

MEIN POMMERNLAND

Ich hab' an dir so rechte Lust,
Ich kann es redlich sagen,
Du Land, an dessen breite Brust
Die Ostseewellen schlagen.
Und weht aus Nord ein kalter Wind
So mag ein armes Pimpelkind
Sich fröstelnd drob beklagen.

Wir wollen unser Heimatland
Mit keinem Rhein vertauschen,
So lang' am freien Meeresstrand
Die stolzen Buchen rauschen.
Wir fragen nicht: »Wo wächst der Wein?«
Nur: Wo wird er getrunken sein?
Da mag man Liedern lauschen.

—— HANS HOFFMANN

EIN BEIN FÜR ALLE TAGE

In Bollerup, Nachbarn, läßt sich der Wind nicht aufhalten: kommt frisch von der Ostsee heran, der er
seine torkelnden Schaumlichter aufsetzt, staut sich an
der ausgewaschenen Steilküste, wird abgelenkt, drückt
sich flach durch die Rinne und hat freien Zugang zum
Dorf. Da hält ihn kein Knick auf und kein beliebter
Mischwald, forsch fällt er ein und verwechselt, möcht
ich mal sagen, das abfallende Roggenfeld mit der Ostsee: bringt die Halme in Aufruhr, will sie zur Flucht
veranlassen, möchte sie vielleicht vor sich herwerfen
wie Wellen und aus den Ähren ein bißchen planlosen
Schaum schlagen, und wenn ihm dies auch nicht gelingt – dem Roggenfeld selbst verschafft er unerwarte-
te Bewegung: duckt und schleudert es, walkt es durch,
läßt es den Hang hinauflaufen und all so'n Zeug.

Immer, wenn ich in Bollerup zu Besuch bin, nehme ich mir Zeit, den Wind im Getreide zu beobachten, was er so anstellt und sich einfallen läßt, um, beispielsweise, Schatten zu machen oder das Auge derart
zu täuschen, daß man mitunter glaubt, man könnte
mit einem Kahn übers Feld fahren.

Als ich das letzte Mal auf dem Hünengrab saß und
den Wind beobachtete, war Jens Otto Dorsch gerade

beim Mähen; er ist ein Großneffe meines Schwagers und heißt, wie dieser, Feddersen, aber da in Bollerup nur wenige Leute anders heißen als Feddersen, ist man übereingekommen, sich einen Zusatznamen zu geben, damit man sich, was ich verstehen kann, gelegentlich voneinander unterscheidet. Dieser Jens Otto Dorsch also saß auf dem Wippsitz seiner Mähmaschine – er lehnte es ab, einen Mähdrescher anzuschaffen –, saß mürrisch und gedankenlos, nahm das wogende Feld von außen an, umrundete es Mal für Mal, wobei er, sagen wir mal, den Wind immer ärmer machte, ihm nur kurze Stoppeln überließ. Mähend fuhr er zur Küste hinunter, dann ein Stück parallel zum Strand – eine Strecke, auf der er wie ein Reiter erschien, der durch ein lehmhelles, mäßig bewegtes Gewässer schwamm –, wendete kurz und kam zum Mischwald herauf, nie pfeifend oder singend, obwohl es auf Feierabend zuging. Alles, was er zeigte, war ein lustloses Interesse, dem Wind das Feld wegzumähen – womit er ungefragt den Leuten von Bollerup recht gab, die ihm den Zusatznamen Dorsch gegeben hatten.

Ich kann mich nicht erinnern, wie oft er um das Feld fuhr und da tätig war; jedenfalls hatte er das schwankende Rechteck erheblich verkleinert, ohne ein einziges Mal anzuhalten, hatte weder den Pferden ein

Wort gegönnt noch sich selbst – da setzte, zu meiner Überraschung, das Klappern aus und das ratternde Geräusch der scharfzahnigen Schneidemesser, die aus bestem Metall gearbeitet sind. Ich sprang auf, kletterte auf die zeitgraue Steinbank, womit sie dem Hünen, meinetwegen, die Brust beschwert hatten, denn ich wollte genau erfahren, warum Jens Otto Dorsch seine Arbeit unterbrach, jetzt sogar abstieg und um die Mähmaschine herumging, die wie ein – na, sagen wir: beschädigtes Rieseninsekt aussah mit ihren Greifstangen, dem schrägen Flügelarm und all ihrem schwenkbaren und ausziehbaren Gestänge.

Der Dorsch ging um die Maschine herum, trat hier mal gegen und da mal, blickte mürrisch, vorwurfsvoll, horchte mit schräggelegtem Kopf, klopfte, und schließlich beugte er sich tief über die Maschine, wobei er, allem Anschein nach, entdeckte, wo der Schaden lag. Da war etwas in die Messer geraten, in die scharfzahnigen Messerketten, die gegeneinander arbeiteten; etwas hatte sich festgeklemmt, ein Stein, ein Stück Holz, ein ganzer Ast womöglich, und um seine Maschine wieder in Gang zu bekommen, schwang sich der Dorsch auf ein Trittbrett und ließ sich von dort in die offene, luftig gebaute Maschine hinab. Er fand Boden unter den Füßen, griff, wie ich beobachten konnte, mit beiden Händen nach dem sperrenden Gegenstand, zerrte, ruckte heftig und zog aus den Messerketten, die, ich möchte wiederholen, aus allerbestem Metall gearbeitet sind, eine armdicke Astgabel, die die Messer nur deshalb nicht hatten durchsäbeln können, weil die Gabel zu elastisch war, keinen Widerstand bot.

Gut, erst einmal bis hierher, und am liebsten nur bis hierher: denn wenn's nach mir gegangen wäre, hätte ich den Jens Otto Dorsch aufsitzen, anfahren und für alle Zeit weitermähen lassen; aber die Geschichte besteht darauf, daß er noch ein Weilchen in der offenen Mähmaschine stehenbleibt, an der Astgabel zerrt und sich, von mir aus, verlegen den Kopf kratzt – was man ja mitunter von Landleuten lesen kann.

Ich jedenfalls sehe ihn dort noch tätig sein, sehe ihn zumindest mit einem Auge so, während ich mit dem andern Auge längst Lothar Emmendinger erkannt habe, einen Feinkosthändler aus Kiel, der es sich zur Aufgabe gemacht hatte, Bollerup von der Herrschaft der Kaninchen zu befreien. Der ordentliche Jagdpächter trat mit schußbereiter Flinte aus dem Mischwald, warf den Kopf nervös hin und her, hob das Gewehr, ließ es sinken, schien überall Kaninchen zu sehen, wo ich keine sah, erfreute sich weder am Abendrot noch am Spiel des Winds im Roggen, und auf einmal stürzte er auf das Feld hinaus, riß das Gewehr hoch und schoß. Schoß, ja, und lief, von üblicher Erregung getragen, bis zur Küste hinab, gerade so, als verfolge er das fliehende Kaninchen, das sein Heil, sagen wir mal, am Strand, vielleicht sogar auf dem Wasser suchte.

Auch jetzt konnte ich kein Kaninchen erkennen, wenngleich ich zugeben muß, daß der Schuß nicht wirkungslos geblieben war: wie man sich erinnert, stand Jens Otto Dorsch in der offenen Mähmaschine; die Pferde, zwei braune Holsteiner von schlichter Gemütsart, standen angeschirrt davor, und als der Schuß fiel, taten sie, was sie für ihr Recht hielten: sie gingen durch. Die Pferde sprangen panisch ins Geschirr, tief erschreckt, vor allem erschreckt, zogen mit der Kraft, die der Schrecken angeblich verleihen soll, an und sausten in unnatürlich gehemmtem Galopp übers Feld. Die Räder der Maschine begannen sich zu drehen, das Greifgestänge zu greifen, die Flügelarme zu schlagen, und die scharfzahnigen Messerketten begannen zu arbeiten.

Daran konnte sie auch Jens Otto Dorsch nicht hindern, der, als die Maschine in gewaltsame Bewegung geriet, einfach herausgeschleudert wurde wie, ich möchte sagen: wie eine besonders schwere, lose gebundene Roggengarbe, auf das Feld fiel und dort liegenblieb. Doch noch während des Falls bemerkte ich − der ich von meinen Verwandten für scharfäugig gehalten werde –, daß der Jens Otto eigentümlich verkürzt war, besonders eines seiner Beine schien mir nicht die ordentliche Länge zu haben – was ich, in geschwinder Erkenntnis, der Qualität der Messerketten zuschrieb. Jedenfalls blieb der mürrische Mensch auf den Stoppeln liegen, rührte sich nicht, und das machte mich sozusagen kopflos: in dem heftigen Verlangen, dem verkürzten Dorsch Hilfe zu bringen, und zwar verständige Hilfe, stürzte ich den ausgefahrenen Weg nach Bollerup, und fand keinen, fand ein ausgestorbenes Dorf; und so klopfte ich bei Wilhelm Feddersen, der Axt. Sie nannten ihn in Bollerup die Axt, weil er unweigerlich alles spaltete, womit er in Berührung kam. Hastig teilte ich ihm mit, was ich beobachtet hatte, und merkte erst zum Schluß, daß die Axt schweißglänzend unter schwerem Zudeck lag, teilnahmslos, mit hohem Fieber.

So lief ich, ärgerlich über mich selbst, weiter zu Fedder Feddersen, dem Leuchtturm, erzählte ihm von dem Unglück, ließ es jedoch nicht genug sein, sondern weihte außerdem noch Jörn, Gudrun und Lars Feddersen ein, die, ihrer Eigentümlichkeit entsprechend, der Knurrhahn, die Krähe und der Rammler hießen. In der erwähnten Reihenfolge strebten die Genannten dem Roggenfeld zu, um dem verkürzten Jens Otto Dorsch Hilfe zu bringen. Ich kam als letzter an.

Kam an, trat aus dem Mischwald und sah den Dorsch auf dem Wippsitz seiner Mähmaschine, mürrisch und gedankenlos, wie es ihm entsprach. Das verblüffte mich so sehr, daß ich mir ein Herz faßte, näher heranging und meinen Blick, möcht ich mal sagen, gleichmütig zu dem verkürzten Bein hob. Ich erkannte sofort, daß das linke Bein etwa um die Hälfte kürzer war, erkannte aber auch, an einem Haken neben dem Wippsitz, das passende Stück, das dort sachgemäß mit Hilfe von Schnürsenkeln angebunden war.

Es war ein Holzbein. Es baumelte in sanftem Rhythmus hin und her. Fragend, vielleicht auch verstört blickte ich zu Jens Otto Dorsch auf, und er sagte: »War man nur mein Alltagsbein, das die Messer kaputtgehauen haben. Wär mir das passiert mit der Ausführung für sonntags, hätt' ich mich mehr geärgert! Denn das Sonntagsbein, das zu Hause steht, ist aus Eiche. Dies aber ist man nur aus Fichtenholz. Hüh.«

—— SIEGFRIED LENZ

DIE HERINGE DER OSTSEE

Die Heringe der Ostsee sind kleiner als die
Heringe der Nordsee; auch verlaufen ihre
Geschichten von Pfützenrand zu Pfützen-
rand ganz anders erzählt.

—— GÜNTER GRASS

WINTER AN DER OSTSEE

Die Herrschaft des Winters ist in den letzten Tagen besonders streng und unnachsichtig geworden. Beschränkte sich die Eisdecke bisher auf die Innenwieken und auf größere Teile des Greifswalder Boddens, so erweiterte sich diese über Nacht auch auf die freien Gewässer der Ostsee. Der harte Frost hat die Treibeismassen zu einer gewaltigen Eisdecke verbunden. Vor dem Auge liegt eine endlose, weiße Fläche, Leben und Bewegung der sonst so selten ruhenden Wellen unter sich begrabend. Ihr Rauschen, das bald vom Ost-, bald vom Süd- oder Weststrande herübertönte, ist verstummt, und selbst bei auflebendem Winde liegt eine ungewohnte Stille über unserem Örtchen. Dem binnenländischen Dorfe gleichend, liegt Thiessow jetzt verträumt und verschneit da.

Nicht nur der auf hoher Warte vergeblich nach ein- und ausfahrenden Schiffen auslugende Lotse, sondern auch jeder Einwohner, der das Meer und das von ihm umschlossene Inselländchen liebt, sieht diese Zeit der Erstarrung höchst ungern; bedeutet doch der Wogenschlag für die Strandbewohner Leben und Musik. Zahlreiche Windwaken, die sich durch das dunklere Aussehen des Wassers von der weißen Eisdecke abheben, bilden den Tummelplatz von zahllosen heimischen und nordischen Wasservögeln. Die um das Höft und den Endhaken herumbiegende scharfe Strömung hat hier wie dort die Eisbildung verhindert, und diese langgestreckten Waken werden um so lieber von jenen Seevögeln zum Aufenthalt gewählt, als der Küstenstrom dauernd neue Nahrung für sie mitbringt.

Das Leben auf diesen, dem Strand nächst gelegenen Waken gleicht einem Ameisenhaufen oder einer belebten Straße der Großstadt: Ruhe herrscht unter den Tausenden der Schwimmvögel nie – alles ist in Bewegung! Die meisten schwimmen im flotten Tempo, andere tauchen in die Tiefe, erscheinen wieder an der Oberfläche; schließlich erhebt sich die ganze Schar zum Fluge, um bald darauf bei hochaufspritzendem Wasser wieder zu landen und dasselbe Spiel des Schwimmens und Tauchens zu wiederholen. Einzelne Arten halten sich abseits, darunter einige größere Entenpaare mit schwarzem Kopf und leuchtend gelber Brust; sie sitzen regungslos am Eisrande und halten sich von jenem Gewimmel fern. Die Taucher, hier allgemein »Pöker« oder »Klashanik« genannt, sind in diesem Winter zahlreich erschienen. Haubentaucher, Spitzschnäbel (»Luusangel«), Eisenten und die großen Eiderenten treten vereinzelt auf, ebenso die Märzenten. Zu Tausenden sind die Haffenten hierhergekommen, denn ihre sonstigen Wohnplätze, die Binnengewässer, liegen unter Eis und liefern keine Nahrung für sie.

Die Wasserjagd wird eifrig betrieben; der Abschuß ist leicht: ein einziger Schrotschuß bringt oft fünf oder sechs Tiere zur Strecke. Märzente und Braunkopfente (auch Krick- oder Pipente genannt) sind wegen ihres schmackhaften Fleisches besonders gesucht. Selten gelingt der Abschuß von Gänsen und Schwänen, die oftmals in Scharen über unser Ländchen dahinziehen, sich aber hier nur vereinzelt aufhalten. Recht interessant gestaltet sich die Jagd auf Enten und Taucher. Gelingt der Abschuß, so stürzen sich nicht selten sofort die Möwen auf die getroffenen Tiere, bekämpfen angeschossene und suchen die getöteten Vögel vergeblich fortzutragen, indem sie sich meterhoch mit ihnen über die Wasserfläche der Wake erheben, um bald die für sie zu schwere Beute wieder fallen zu lassen. Erlegte Tiere, die nicht sofort geborgen werden können, werden von den Möwen, solange sie sich einigermaßen sicher und ungestört glauben, alsbald an der Brust zerhackt und angefressen. Die Wasserjagd ist für viele Einwohner zur Zeit die einzige Einnahmequelle.

Für den geologisch interessierten Naturfreund bietet die Küste gerade jetzt ein dankbares Feld der Beobachtung. Die Küstenzerstörung ist infolge der

Einwirkung der Atmosphärilien im Winter sehr erheblich. Die auflockernde und sprengende Wirkung des Frostes auf das immerhin lockere Gestein der Diluvialmassen kommt jetzt besonders zur Geltung und wird dann deutlich sichtbar, wenn die Steilufer nach Einsetzen der Schneeschmelze bis in die tieferen Lagen durchfeuchtet worden sind.

Die Einwirkung des Treibeises bringt Veränderungen der Flachküste mit sich, da einerseits die fortgeführten Eisschollen eingefrorene Gesteinsstücke mitnehmen und strandende Schollen Sand- und Gesteinsmaterial absetzen. Von den Küstenschutzbauten unterliegen die Steinwälle und Buhnen in hohem Maße der Zerstörung seitens der geologischen Agentien. Zur Zeit sind sie mit einer dicken Eisglasur überzogen und geben ein eigenartiges und imposantes Bild der Küste. »Die Elemente hassen das Gebild von Menschenhand« und betätigen sich an den heimatlichen Ufern weit mehr zerstörend als aufbauend. Für sie ist unser Inselland nur Übergang und Untergang! Diese Tendenz tritt für den beobachtenden Strandbewohner an unserem exponiert liegenden Küstenlande besonders auffällig in Erscheinung.

—— GEORG PARIES, 1924

SOMMER AUF USEDOM

»Wenn wir am Freitag an die Ostsee fahren, darf jeder seinen Koffer selbst tragen. Dann werden wir buddeln und baden und braun werden wie die Indianer, solange es keine Strippen regnet.« Und dann erklärte uns mein Vater den Reiseweg mit der Eisenbahn. »Auf der Landkarte von Berlin aus immer nach oben, bis an die See!«

Ich glaube, in dieser Nacht bin ich erst um zwölf eingeschlafen. Neben meinem Bett lagen unsere neuen Schätze: Buddeleimer, zwei Schippen, gestreifte Badeanzüge und ein bunter Wasserball zum Aufblasen.

Auch Pitt konnte vor Aufregung nicht schlafen.

»Wie heißt die Insel, zu der wir hinfahren?«

»Usedom«, sagt Pitt, »und das Dorf heißt Neuhof, und das Haus heißt Sonnenhof, und die Leute da heißen Budzin. Am Strand gibt es Muscheln ... und Seesterne ... und Quallen ...«

Der Sonnenhof ist ein hell verputztes, zweistöckiges Haus mit rotem Ziegeldach und steht dicht an der Landstraße. Budzins und Ilse wohnen im Sommer ganz unten, wo die Fenster nur halb aus der Erde kommen. Darüber sollen bald noch zwei andere Familien einziehen, und ganz oben sind zwei Zimmer für uns.

Gerade werden die Koffer ausgepackt. Frau Budzin bringt eine Seegrasmatratze herbei, damit Heini in unserer Dreierstube in der freien Ecke auf dem Boden seinen Schlafplatz hat. Da sind wir jetzt nur im Wege. Wer kommt mit nach nebenan ans andere Fenster?

Da seht ihr die Lindenchaussee, die links in Bansin anfängt und rechts nach Heringsdorf verschwindet. Jenseits der Straße beginnen gleich die Kornfelder und Wiesen. Wo sie zu Ende sind, soll die Ostsee sein. Schade, daß man sie auch von hier oben nicht sehen kann – nicht mal eine Mastspitze!

So, und nun zum Fenster der anderen Seite. Da sieht man in den Hof hinunter. Am Küchenausgang liegt Tyras. Links steht eine eiserne Pumpe mit einer Wasserschüssel. Daneben hat Herr Budzin einen mächtigen runden Turm aus gelben Holzscheiten für den Winter aufgebaut. In dem schmalen Gebäude gegenüber ist unten seine Schreinerwerkstatt und darüber der Strohboden.

Herr Budzin hat nämlich nicht nur Feriengäste und ein bißchen Landwirtschaft, er ist außerdem Tischler.

Nach dem Frühstück ziehen wir los. Vorneweg laufen Ilse und Tyras. Ilse trägt wieder einen weißen

Strandanzug mit langen Hosen. Jeder von uns muß etwas zum Strand mitnehmen. Mutti hat das verteilt: Bademäntel, Schippen mit Holzstiel, Buddeleimer, unseren Wasserball, Badetücher und die Basttasche mit den Leberwurstbroten und den Tomaten aus Budzins Garten.

»Da ist die große Düne!« ruft Ilse an der Spitze.

Vor uns erhebt sich eine graugrüne Hügelkette mit runden, weißen Kuppen und tiefen Mulden. Hinter der schmalen Promenade aus Steinplatten schlängeln sich Sandwege in die Dünen hinein. Der Weg vor uns ist mit zusammengenagelten Brettern belegt. Darauf kann man besser laufen als durch den knöcheltiefen, heißen Sand. Rechts und links wächst spitzer Strandhafer, und am blauen Himmel erscheinen auf einmal kleine und große Möwen. Sie halten die Flügel nie still und schauen mit ihren schwarzen Knopfaugen aufmerksam hin und her. Zugleich wird das Brausen und Rauschen immer lauter, je höher wir die Düne hinaufsteigen. Endlich stehen wir ganz oben und können hinabblicken.

»Die Ostsee!« ruft Pitt.

Ja – dort unten kommen und kommen flache gekräuselte Wellen mit weißen Schaumstreifen in weiten Bögen hintereinander auf den Strand zu. Wie groß die See ist! Sie hört nirgends auf, rechts nicht, links nicht, und hinten läuft sie einfach mit dem Himmel zusammen.

Ich weiß nicht, warum ich auf einmal so still stehen muß. Mir ist ganz sonderbar zumute. Immer neue Wellen kräuseln ihre Kämme und stürzen rauschend vornüber auf den dunkel-feuchten Sand. Und wie lang der Strand ist! So weit ich sehen kann, ist wunderbarer Zuckersand ausgebreitet. Am flachen Dünenabhang stehen überall geflochtene Strandkörbe oder bunte Strandzelte mit flatternden Fähnchen. Weit draußen auf dem Wasser arbeitet sich ein niedriges, weißes Fährboot auf und ab nickend voran. Es ist so klein, daß man die Augen zukneifen muß, um es im Dunst zu erkennen. Und wie die See braust und rollt und rauscht und flach auf den Strand heraufschießt!

Da lassen wir alle Sachen fallen. Wer ist zuerst unten? Wir kollern und purzeln den geschwungenen Abhang der großen Düne hinunter. Heini macht einen Purzelbaum nach dem anderen. Ich stürze mit kurzen Hopsern hinterher, falle hin und fühle überall den lockeren, warmen, herrlichen Sand.

Schaufeln, schaufeln, schaufeln! Wir bauen einen kreisrunden Burgwall um unser Strandzelt. Das ist ein großer, vorne offener Kasten aus festen Brettern, mit rot und weiß gestreiftem Markisenstoff bespannt, mit einer Holzbank innen an den drei Seiten und einem Klapptischchen neben dem Eingang. Ringsherum türmen wir von innen und außen den Sand auf.

»Das gibt Muskeln!« sagt Vati.

»Das gibt Muskelkater«, brummt Pitt und steckt seine Schippe schwitzend in den Sand. Aber wir anderen schaufeln fleißig weiter. Immer höher wächst die Strandburg. Nur vorne, wo es zum Wasser geht, führt ein schmaler Gang hinaus.

»Wenn einmal ein windiger Tag kommt und draußen der lose Sand fliegt, dann werdet ihr sehen, wie gut so eine tiefe Sandburg ist!« sagt Vati. Dann machen wir den Boden rings um das Strandzelt glatt. Uff! Endlich sind wir fertig.

Nachdem wir verschnauft haben, geht es ans Wasser. Mutti und Ilse räumen inzwischen unsere Sachen in das Zelt. Wir springen über die kleinen Wellen, die uns gerade bis zum Knie reichen. Langsam rücken wir immer weiter vor, bis wir zu tief im Wasser stehen und nicht mehr hochspringen können.

Am Nachmittag kommt auch Ilse zu uns in die Burg und bringt Tyras mit. Sie hat Frau Budzin im Garten geholfen und mit ihr auf den Gemüsebeeten Unkraut gezupft.

Pitt, Heini, Ilse, Tyras und ich laufen mit Mutti zum Wasser und sehen ihr nach, während sie langsam immer weiter hinausgeht und nur stehenbleibt, wenn wieder eine höhere Welle auf sie zukommt.

Dann wandern wir auf dem nassen, festen, glatten Sand dicht am Wasser entlang zur Seebrücke von Heringsdorf mit ihren Türmchen und Fahnenmasten und halten Ausschau, was die unruhige See an diesem windigen Tag angespült hat. Da sind braune, verheddertе Stränge Blasentang, der sich so wabbelig und glitschig anfühlt. Schon von weitem sehe ich die etwas eingesunkenen Halbkugeln der glasigen Quallen, die vom ablaufenden Wasser auf dem Sand zurückgelassen werden. Wir finden grüne Glasstücke, die wie rund gelutschte saure Drops aussehen, und überall liegen dünn abgeschliffene Steine, größer als Fünfmarkstücke.

Aber wenn wir auch zu jedem winzigen Seestern hinlaufen, den einer findet, Muscheln und Schneckenhäuser aufsammeln, vergleichen und wieder fallen lassen – eigentlich suchen wir mit den Augen dicht vor unseren Füßen unermüdlich etwas Geheimnisvolles, etwas ganz Seltenes – einen Schatz. Aber keiner spricht davon.

Als wir gerade umkehren wollen, macht Pitt den Fund. Er hebt ein Korkstück mit schwarzen Rissen auf, das wohl als Schwimmer an einem Netz gehangen hat. Dann hockt er sich rasch hin, starrt auf den Sand, wo es gelegen hat, und macht mit ausgestrecktem Finger etwas los, während wir um ihn herumstehen.

»Ich habe Bernstein«, sagt er leise und spült etwas vorsichtig im Wasser ab. Zwischen Daumen und Zeigefinger zeigt er uns das Stück. Wir nehmen es reihum in die Hand. Der Bernstein scheint leichter zu sein als ein gleich großer Stein – aber ist das ein Beweis? Ich glaube es noch nicht, denn bisher haben wir uns immer getäuscht. Vielleicht gibt es nur in Ostpreußen Bernstein.

Da nimmt Pitt Ilse das Stück von der flachen Hand, reibt es tüchtig an seiner trockenen Badehose und hält es rasch an Heinis Haar. Wie der Bernstein die Haare anzieht! Er ist wirklich echt!

Als wir am anderen Morgen stiller als sonst bei Budzins unten in der Küche sitzen, wo es zum Frühstück Marmeladenbrote und Buttermilch gibt, klopfen die beiden Fischfrauen wieder einmal an das niedrige Fenster. Sie gehen zweimal in der Woche mit schweren Drahtkörben von Haus zu Haus und verkaufen geräucherte oder frische Fische an die Sommergäste.

Natürlich wollen wir die Fische sehen und gehen mit Frau Budzin, die einen tiefen Teller mitnimmt, auf den Hof. Da haben die Fischfrauen ihre Henkelkörbe abgestellt, schieben das Ölpapier weg und fangen an, hin und her zu reden. Von diesem Gespräch mit Frau Budzin verstehen wir wie immer kein Sterbenswörtchen.

Aber gleich kommen in einem Korb frisch geräucherte Flundern zum Vorschein. Die essen wir am liebsten. Sie schmecken abends so gut zu trockenem Brot, und sie haben nicht so niederträchtige Gräten wie die Bücklinge. Pitt hält den Teller, bekommt nach und nach sechs ausgesuchte Flundern aufgezählt und trägt den Einkauf höchst zufrieden in die Küche hinunter zum Fliegenschrank.

»Was für Fische sind denn hier drin?« fragt Heini.

»Das sind Aale und Barsche und ein Hecht aus dem Gothensee. Den hat Ernas Vater gefangen«, sagt Frau Budzin. »Aber sie müssen eingepackt bleiben.«

Noch eine Woche lang trollten wir morgens mit Ilse und Tyras, mit unseren Schippen, Niveadose und Wurststullen zum Strand. Weit draußen am Horizont zog das Segelschulschiff »Gorch Fock« dahin.

Und dann kam der Tag, an dem Mutti zum letzten Mal alle Sachen in die Basttasche steckte. Wir standen beim Sturmball oben auf der Düne und sahen auf unsere leere Strandburg, auf den Zuckersand, auf die heranrollenden Ostseewellen hinunter. Draußen stieg der Bug des Fährbootes auf und ab, das wie immer von Bansin nach Heringsdorf unterwegs war. Die Möwen mußten nicht abreisen.

Noch einmal sagte Mutti »Sandalen anziehen«, ehe es über die ausgebleichten Plankenwege durch die Dünen abwärts zur »Langen Nase« ging, zu den Kühen am Kanal und heim zum Sonnenhof.

—— DIETZ BUCHHIERL

119

USEDOM

Wälder,
Wiesen,
Wellen, die
ans Ufer streben.
Linien im Sand
zeichnen Grüße
von Dir.
Zum Abschied.
Für mich bleibt
die Erinnerung.
Nur ein Lufthauch
streichelt
meine Wangen.

—— KLAUS PETERS

MEIN LIEBLINGSPLATZ
AUF DER INSEL

»Großstadt-Gören müssen in den Ferien ans Meer«, bestimmte mein Vater, und so fuhren wir, wie Tausende andere Berliner, nach Bansin oder Heringsdorf oder Ahlbeck. Kinder, die zu Hause blieben, holten sich damals die Englische Krankheit – im Lexikon siehe unter Rachitis. Meine Großmutter reiste nicht mit an die See. Auf Usedom bekäme sie den Inselkoller, behauptete sie. Der Inselkoller ist jetzt vorprogrammiert, wenn der Wochenend-Rückverkehr einsetzt. Die beiden Fluchtwege, über Wolgast und Anklam, sind dann verstopft. Kalle, der in Zinnowitz Strandkörbe vermietet, sinniert: »Zu DDR-Zeiten haben wir uns gefragt, wenn sie in Westdeutschland Stau ansagten: Wat iss'n dat? Wir waren direkt scharf drauf. Nu isset Fakt.«

Zinnowitz ist das erste der Usedomer Seebäder, die laut Prospekt »wie Perlen aufgereiht« am Meeresstrand liegen. Alle Perlen sind in Nicht-Stau-Zeiten leicht zu erreichen, auf der parallel zur Küste verlaufenden B 111 oder zu jeder Zeit mit dem Inselbähnchen. Zinnowitz zeichnete sich bereits in der deutschnationalen Epoche dadurch aus, daß es sich als judenfrei anpries.

Die Berliner machten allerlei Spottverse darauf, zum Beispiel: »Die Ostsee ist mir einerlei –doch Zinnowitz ist judenfrei.« Zinnowitz sieht heute noch ein bißchen angenagt aus – als habe ein Unbekannter Rache genommen für damals. Vielleicht sind es auch nur die schwer zu beseitigenden Spuren, die jahrelange Überbelegung durch den DDR-Gewerkschaftsbund hinterlassen hat. Gemalt und geputzt wird überall. Und weil die Strandkörbe nur noch so heißen, nicht mehr geflochten sind, sondern aus Sperrholzdeckeln bestehen, bekommen sie gleich auch einen Anstrich, leuchtend blau oder grün. Für die nähere Zukunft verspricht Kalle »echte« Strandkörbe. In Heringsdorf habe einer aufgemacht, der würde wieder flechten.

In Bansin ziehen die Fischer ihre Boote an Seilen auf den Strand. Ein Motor knattert, und eine Winde setzt sich in Bewegung. Ihre Geräte verstauen die Fischer in malerischen Schuppen. Dahinter glänzen die renovierten Fassaden der Badehotels an der Bergstraße. Eine der schönsten Stellen am Ostrand von Bansin hat Stasi-Mielke mit einem Plattenkasten verschandelt, jetzt »Strandhotel« und bei den Einheimischen beliebt. Wen's gerne gruselt, der kann sich in Mielkes Kinosaal Videos ansehen.

Wir hielten im Strandhotel die Trauerfeier ab, als wir den in Bansin geborenen Gruppe-47-Schriftsteller Hans Werner Richter zu Grabe getragen hatten. Ein großer Tisch war mit lauter Richters besetzt. Ursprünglich Fischer, hat diese Familie ein Stück Bansiner Geschichte mitgeformt. Alle sind begabte Darsteller, ein bißchen schlitzohrig und unerbittlich. Der Vater rettete 1945 halb Usedom, indem er sich den Russen mit weißer Fahne entgegenwarf, im Kübelwagen des geflohenen deutschen Wehrmachtskommandeurs.

Auf den dichtenden Bruder, der sie in seinen »Bansiner Geschichten« allzu trefflich schilderte, sahen sie ein bißchen herab. Kaum lag er auf dem Friedhof, brachte die Familie einen zweiten Autor hervor. Egon Richters Bücher über Bansin, Heringsdorf und Usedom sind Bestseller. Die Richters kommen aus Neu-Sallenthin und Bansin Dorf. Das Seebad entstand erst kurz vor 1900 und wurde 1901 selbständige Gemeinde.

Heringsdorf ist die dickste Perle, seine Villen im Stil der Kaiserzeit sind pompös zu nennen. Viele erstrahlen wieder im alten Glanz. Der Rittergutsbesitzer v. Bülow baute die ersten Logierhäuser. 1820 kam Friedrich Wilhelm III. zu Besuch, uns bekannt als der Mann von Königin Luise, mit Kronprinz und Prinz Wilhelm. Bülow bat den Kronprinzen, sich einen Namen für den neu entstehenden Ort auszudenken. Der blickte sich um, sah überall Heringstonnen und stammelte: »Heringsdorf.«

Ein Geistesblitz, wie wir ihn von unseren Hohenzollern so lieben! Bei Heringsdorf blieb es, Bülow, behauptet der Chronist, war's zufrieden. Später wollten Majestäts wieder bei Bülow Badeferien machen. Aber der hatte verkauft, und die neue Besitzerin ließ wissen, sie wolle selber den Sommer auf ihrem Besitz verbringen, Besucher seien nicht willkommen. Majestäts schmollten und blieben fern. Erst Wilhelm II. beehrte das Seebad wieder. Er logierte in der – noch vorhandenen – Villa von Konsul Staudt. Inzwischen gab es auch das Protz-Hotel Kaiserhof-Atlantic, an dessen Stelle der DDR-Gewerkschafts-Feriendienst später den Erholungskomplex Solidarität hinklotzte.

Als ich Kind war, spielte die Kurkapelle Paul Lincke, »Das ist die Berliner Luft« und »Glühwürmchen, Glühwürmchen, schimm're«, und manchmal auch die Ouvertüre zur »Schönen Galathee« von Franz v. Suppé. Der heimliche Reim in der Plakat-Ankündigung dieser berühmten Operette entzückte mich. Mein Vater trug zum Konzert weiße Hosen mit scharfer Bügelfalte, navyblaue Jacke und weiße Schirmmütze. Er rauchte Boenicke-Zigarren.

In Ahlbeck machte der Seebäder-Dampfer an der Mole fest, sie existiert wieder in voller Länge. Nur redet heute niemand mehr von Mole. Die Besucher aus Hamburg sagen Anleger. Das türmchen-bewehrte

Restaurant-Cafe an der dicksten Stelle wurde bekannt durch einen weiteren Bülow – mit Künstlernamen Loriot. Er drehte hier eine Sequenz seines Films »Pappa ante portas«.

Von Ahlbeck bis zur polnischen Grenze bildet sich täglich ein weiterer Autostau. Wir lassen das Fahrzeug auf dem Grenzparkplatz. Von hier aus geht es erst mal zu Fuß weiter. Hinter der Grenze warten Polen mit Fiakern und fahren die Besucher im wilden Galopp in Richtung Stadtkern Swinemünde. Oder an jene Stelle, wo wir ihn vermuten, es gibt ihn nach den Zerstörungen von 1945 nicht mehr. Ossis schauen sich mit angenehmem Schaudern um. So grau, so heruntergekommen soll es auch bei ihnen vor vier Jahren ausgesehen haben? Das kann sich schon so kurze Zeit nach der Wende niemand mehr vorstellen. Im Hafen liegt der malerische Zweimaster »Henryk Rudkowski«, ein Windjammer, dahinter ankern düstergrau gemalte Torpedoboote. Von den Decks einiger ansehnlicher Segeljachten herunter verkaufen Jungunternehmer West-Zigaretten.

Eine Fähre füllt sich mit Menschen und Fahrzeugen und überquert die Swine, diesen mittleren Mündungsarm der Oder. Hier ist Usedom zu Ende. Drüben liegt Wollin. Eine Zeile aus einem Gedicht von Robert Gilbert, dem Sohn des Operetten-Komponisten Jean Gilbert, fällt mir ein: »Wer jemals war in Usedom – der sehnt sich nach Wollin.« – Wirklich?

Weiter südlich, auf dem Landklecks zwischen Achterwasser und Oderhaff, führt eine zweite Straße zur polnischen Grenze, die B 110 von Anklam über Usedom. Die Chaussee wird schmaler und schmaler, vor der Grenze sprießt Gras zwischen den Pflastersteinen. Ein Brückchen führt über einen Kanal. Mitten auf der Brücke zeigt ein weißer Strich an, wo Polen beginnt. Wir können ohne Paß einreisen, drei Meter weit. Dann schließt ein Gittertor die Passage. Verschließt ist übertrieben. Statt eines Schlosses hält ein dünner Draht mit zwei Plomben die beiden Torflügel zusammen. Für obrigkeitsgläubige Germanen offenbar eine ausreichende Sicherung. Drüben steht regungslos ein Angler. Wirklich ein Angler? Oder ist es ein polnischer Grenzpolizist?

Das Flugfeld bei Garz nennt sich jetzt Flughafen Heringsdorf. Hier landen neuerdings sogar Boeing 737. Eine Berliner Gesellschaft fliegt zum Dumpingpreis Gäste ein. Die werden in Zelten auf dem Flugfeld zwanzig Minuten lang mit Fisch und Krebsen gefüttert und wieder in die Hauptstadt verfrachtet. Sie haben das Meer gesehen. Von oben. Und ganz Usedom.

Im Schilfgürtel entlang dem Oderhaff liegt der Hafen von Dargen versteckt, ich nehme an, es ist der kleinste und einsamste Hafen der Welt.

Ungerührt spannt ein Fischer seine Netze quer über die Einfahrt des höchstens fünfzig Quadratmeter großen Liegebeckens. Mit häufigem Schiffsverkehr muß er wohl nicht rechnen.

Die nach Norden ins Achterwasser ragende Landzunge, als Lieper Winkel bekannt, versetzt Usedom-Fans immer wieder in Verzückung wegen ihrer unberührten Schönheit. In Liepe steht die älteste Kirche der Insel. Hinter Warthe ist die Welt zu Ende, ein Fischer in hohen Stiefeln watet an Land, ein paar Kähne liegen im Sonnenlicht, und die Einwohner blicken über die Gartenzäune, mit Mienen, die sagen: »Wat wullt je hier?« In Quilitz am Peene-Steilufer steht ein ehemaliger Bauarbeiter-Wagen, darin bereitet eine junge Sächsin Kartoffelsalat. Wir sitzen davor, mit meinem neuen Freund Paule, der jetzt, am späten Vormittag, bereits ein Bier und einen Korn braucht.

Paule deutet auf die Reihen von Ferienhäusern links von uns, alles Spitzgiebel, ohne was drunter. »Das sind Nistkästen für die Quilitze«, sagt er und kneift die Augen zusammen: »Sie brüten hier im Juli und August, dann fliegen sie aus. Nach allen Richtungen. Bis nach Sachsen.«

Sie spinnen immer noch gerne ihr Garn, die Usedomer. Im nächsten Dorf, in Rankwitz, hat ein Künstler einen schweren Findling auf einen drei Meter hohen Baumstamm gehievt, und es wundert uns nicht, daß uns ein Einheimischer aufklärt: »Dat is'n Adler-Ei.«

Schloß Mellenthin und Schloß Pudagla sind oft beschriebene Touristenziele. In Pudagla weste die Bernstein-Hexe; ein immer wieder aufgelegtes Büchlein berichtet darüber. Das neue Schloßrestaurant gibt sich altdeutsch mit Butzenscheiben. Überlaufen ist die Gegend nicht. Wer sich am Strand aalt, rafft sich selten auf, das Hinterland zu erforschen. In die Kirche von Benz, für mich die schönste der Insel mit ihrem Kranz von uralten Kastanien ringsherum, pilgert saisonbedingt das Konzertpublikum. Mit Pfarrer Bartels sitzen wir im Garten vor dem Pfarrhaus. Bruder Martin nennen wir ihn, den mutigen Freund aus Vorwende-Zeiten. Westdeutsche Autoren durften damals in seiner Kirche lesen.

Unweit davon wohnte der Maler Otto Niemeyer-Holstein. Mit ihrem Segelboot »Der Lütte« waren die Niemeyers einst nach Usedom gekommen. An der schmalsten Stelle der Insel stellten sie einen billig in Berlin erworbenen S-Bahn-Wagen auf, die Urzelle der heutigen Atelierhäuser in der kuriosen Melange aus Japanischem, Mal-Kloster und Quittengarten, geschmückt mit Skulpturen von Niemeyers Künstlerkollegen (Gustav Seitz, Fritz Cremer, Sabine Teubner). Vorbild waren die Brissago-Inseln am Lago Maggiore.

Von den Nazis als »unerwünscht« klassifiziert und ständig von ihrem Plan bedroht, diesen Teil der Insel zur Verteidigung Peenemündes zu fluten, fand er schließlich späte Anerkennung in DDR-Zeiten, obwohl er nie auf die verordnete Linie einschwenkte. Mit 65 Jahren erlebte Otto Niemeyer-Holstein seine erste große Ausstellung in der Berliner Nationalgalerie. Mit dem Geld des Nationalpreises restaurierte er die holländische Mühle auf dem Hügel von Benz. Er starb 1984, sein Atelier ganz in der Nähe von Koserow ist zu besichtigen.

Für Koserow schwärme ich. Das Dorf ist zwar immer noch ein bißchen nichtssagend. Gerade war Sperrmülltag. Die Koserower trennten sich von etlichen echten, geflochtenen Strandkörben. Am Dorfende liegen ein paar Hütten mit Schilfdächern, in denen Hering gesalzen wurde. In gigantischen Schwärmen kam er früher in der Ostsee vor. Die Hütten sind überrestauriert, in einer breitet sich ein Andenkenladen aus, die Kneipe bietet Gambas in mexikanischer Sauce an.

Aber dann: Ein paar Schritte über den Hügel – und vom Steilufer des Streckeisbergs soweit das Auge reicht Strand! Mit dem aller weißesten Sand, den die Ostseeküste zu bieten hat. Die neue Mole – Verzeihung, der Anleger – führt weit ins Meer hinaus. Eine frische Brise durchlüftet die Promenierenden. Weit draußen schnauft ein Frachtschiff, rechts zeichnet sich die Küste von Wollin ab. Links blitzen die Kreidefelsen Rügens – jedenfalls könnten die hellen Stellen die Felsen sein.

Alles Eierkuchen auf Usedom? Jahrhundertwende-Nostalgie, ein bißchen DDR-Grau hier und da, Fisch meistens aus der Tiefkühltruhe, die Rouladen erstklassig, und Strand und Sonne und Wind. Die Hotels und Pensionen werfen ihre dreiteiligen Matratzen hinaus. Der Gast kann übernachten, ohne am Morgen danach den Orthopäden zu konsultieren. Wir könnten uns noch das Städtchen Usedom ansehen, auf den Gnitz, den Loddiner Höft vorstoßen oder an einem der einsamen Seen ins Träumen geraten. Dabei könnten wir es bewenden lassen, würde nicht ein kräftiger Touristenstrom nach »oben links« zum Inselende schwappen – nach Peenemünde.

Wir wissen: Wernher v. Braun, das V1- und V2-Versuchsgelände, wobei das V für Vergeltungswaffe stand. Hinter Karlshagen war zu DDR-Zeiten alles abgesperrt, die Welt zu Ende. Der Ort, einst von Mitarbeitern des Versuchsgeländes besiedelt und von der Royal Air Force zerbombt, ist nun Plattenbau-Trabantenstadt von Wolgast. Das Inselbähnchen rollt unkontrolliert weiter bis zur Endstation. Die Straße zum Flugplatz allerdings ist immer noch – oder bereits wieder – durch ein Gittertor versperrt. Ein Wachmann, der sich für im Gebüsch abgestellte, nun zu verkaufende NVA-Armeelastwagen verantwortlich fühlt, trägt uns in ein Buch ein und gibt uns einen Merkzettel mit Verhaltensvorschriften. Selbstverständlich ist es verboten, von den Wegen abzuweichen.

Am Rollfeld, wo bis zur Wende MiG-Düsenjäger der Nationalen Volksarmee starteten, parkt ein Wohnwagen. Er sieht nach Eigenbau aus. Der Besitzer erklärt uns, daß es sich um einen ehemaligen Gefangenentransportwagen der Stasi handelt. In der Decke sind noch die Lampen für die fünf Käfige zu sehen, in denen die Gefangenen saßen. Der Mann bucht einen Rundflug mit der kleinen Cessna, die hier zur Verfügung steht. Er hofft, von oben die Reste des berühmten Prüfstandes VII zu orten, von dem die Raketen abgeschossen wurden.

Die Bunker und Hallen wurden gesprengt, die Natur hat das meiste gnädig mit Gras bedeckt. Am Modell im Bunker-Museum beim Bahnhof sind die Details allerdings deutlich zu erkennen.

Als »Wiege der Raumfahrt« wird Peenemünde jetzt verkauft. Aber Orte, an denen sich Generäle und Wissenschaftler zusammentun, um Apparate zu erfinden, mit denen man andere Menschen umbringt, bleiben trostlos. Zäune mit schiefhängenden Toren ziehen sich immer noch durch das Sumpfgelände. Ein düsterer Kraftwerkblock riegelt den Blick aufs Wasser ab. Unweit ragt der Klinkerbau der ehemaligen Sauerstoffabrik. Die Mauern sind dermaßen stabil, daß sie allen Sprengversuchen standhielten.

Vor dem Museumsbunker stehen eine MIG 21 PFM und eine MiG 23 ML, dahinter parkt der Salonwagen des einstigen DDR-Verteidigungsministers Heinz Keßler, den er als Manövergast benutzte. Jetzt ist ein Restaurant drin.

Alles wirkt martialisch-verdorben, die aufgefundenen und polierten Raketenteile im Museum verwischen diesen Eindruck nicht.

Die Hoffnung, daß nun die Bewohner von Peenemünde nach rund sechzig Jahren ans Ufer der Peene, des westlichen Mündungsarmes der Oder, treten dürfen, erfüllt sich nicht. Die Bundesmarine hat das ehemalige NVA-Areal mit einem frisch gestrichenen Gittertor abgeriegelt. Im Hafenbecken von Peenemünde dümpeln zur Verschrottung freigegebene Räumboote der DDR-Volksmarine.

In die kleine rundgebaute Kirche von Peenemünde kann man jetzt wieder hinein. Lange Zeit lag sie im militärischen Sperrgebiet. Neben dem aufwendig restaurierten Kapellchen auf dem zertrampelten Dorffriedhof steht auf einem Gedenkstein, der vorher wohl am Ufer der Pommerschen Bucht gelegen haben muß, der Spruch: »Verzage nicht, du Häuflein klein. Gustav Adolf landete hier Mittsommer 1630.«

Ach, Usedom. Es bleibt mir nichts anderes übrig, als zum Schluß mein Lieblingsplätzchen zu verraten: das Fischerdorf Kamminke »ganz unten rechts«, an der polnischen Grenze. Als glänzender Spiegel, mit einem bißchen Dunst drüber, verschmilzt das Wasser des Oderhaffs mit dem Horizont. Sonnenglast, Wärme, Windstille. Fischer flicken ihre Netze. Auf den Pfählen der Buhnen sitzen Möwen, unbeweglich. Nur ab und zu streicht eine im Gleitflug über das Wasser.

—— GEORG LENTZ

BEKANNTSCHAFT

Ich habe einen Lieblingsbaum,
der steht auf Usedom;
bewundernd muss ich zu ihm schaun,
sooft vorbei ich komm'.

Er ist ganz knorrig, dick und groß,
von eichener Gestalt;
doch Zärtlichkeit ist im Geäst
und in der Wurzel Halt.

Ihn schützt kein Haus und auch kein Zaun,
er steht am Straßenrand;
ein jeder, der ihn sehen will,
macht sich mit ihm bekannt.

Ich grüß' ihn oft und ruf' ihm zu:
He Du, bleib tapfer stehn!
Ich möchte Dich mein Leben lang
auf dieser Stelle sehn.

—— GUDRUN BUSCH

FRÜHLINGSANKUNFT

Leise! – Herz,
Klopf nicht so laut!
Er kommt,
Er naht!
Feuchte Schleier
Hüllen ihn ein,
ganz verstummt
ist der Wind. –
Sternenlose Nacht
Hält ihn im Arm.
Horch! Die Knospe springt.
Die Vögel erwachen. –
Leise! – Der Frühling
ist da.

—— CLARA VON SYDOW

OSTSEEBÄDER

Die Ostseebäder vereinigen mehr natürliche
Schönheit als die meisten europäischen
Kurorte. Wer die Ruhe sucht, Nationaleigen-
tümlichkeit, Idylle – wird vor allem die
kleinen Bäder aufsuchen. Hier gackern die
Hühner auf den Straßen und eine schöne
Frau darf im Bademantel durch die Stadt
wandern.

—— JOSEPH ROTH, 1924

SOMMER

Der Sommer summt. Das ist die Zeit, zu gehen
bis an das Ende dieser Welt.
An Landungsplätzen lungern,
wenn die großen Schiffe
das Meer herauf gefahren kommen –

In fremde Länder einzubrechen,
die Nächte aufzubleiben, und bei Brot und Wein
mit dem, der grad am Tische sitzt, zu sprechen
und – namenlos zu sein.

—— JOHANNES R. BECHER

WELLEN

Als sie draußen auf die Düne hinaustrat,
wehte ein lebhafter, kühler Seewind ihr
entgegen. Über einen blaßblauen Himmel
zogen eilig hellgraue Wölkchen und auf dem
Meere hoben sich die Wellen ohne Schaum,
groß und grüngrau, ein mächtiges stilles
Atmen, erst näher dem Strande wurden sie
lebhafter und ließen die weißen Schaum-
tücher flattern.

—— EDUARD VON KEYSERLING

HERINGSDORF

Von weitem sah ich ein blassblaues Band am
Himmel. Das war die Ostsee. Wir gingen
durch die Promenade, und da lag der Strand.
Ich konnte nicht mehr langsam gehen, ich
machte mich von der Hand meiner Mutter
los, sprang durch die Binsen, die am Rande
des Strandes wuchsen, und warf mich in den
trockenen Sand. Ach, nun war ich da!

—— VALESKA GERT

DER ANBLICK DER MEERESWOGEN

Der Anblick der Meereswogen, ihr Leuchten und das Rollen des Donners, der sich auch in den Sommermonaten zuweilen hören lässt, wirkt auf den gefühlvollen Menschen mit einer Macht, mit der sich nichts in der Natur vergleichen lässt als etwa der Anblick des gestirnten Himmels in einer heiteren Winternacht. Man muss kommen und sehen und hören.

—— GEORG CHRISTOPH LICHTENBERG, 1793

VOGELINSEL

Dein kurzes schwarzes Haar, das ich gestrei-
chelt, deine hellen Augen, die ich geküsst
habe auf dem Strand der Vogelinsel: ich
musste daran denken, und ich dachte daran,
wie du mich ermuntert hast, dein Alter zu
erraten.

—— SIEGFRIED LENZ, SCHWEIGEMINUTE, 2008

MEINE FAHRT
NACH POMMERN

Swinemünde

Swinemünde ist das Seebad von Berlin wie Scheveningen vom Haag, Havre de Grace und Boulogne von Paris. Obwohl es etwa dreißig Meilen von Berlin entfernt liegt, so kann man doch mit Schnellpost und Dampfschiff in vierundzwanzig Stunden da sein. Nächst den Berlinern sind natürlich die Pommerschen Leiber vorherrschend in diesem Seebade, auch die Schlesier, tief eingekeilt in's Binnenland, wenden sich meist hierher, wenn sie Meereseinflüsse brauchen. Was weiter nach Westen in Deutschland liegt, sucht die Nordsee.

Wie das Volkslied sagt »es fiel ein sanfter Regen«, als wir an's Land stiegen, der Schöneberger verließ uns brüste ohne Abschied, der Postbeflissene schüttelte sich, und vertraute mir, es sei ihm noch so jämmerlich zumute, daß er sich gleich zu Bett legen müsse, und nicht einmal in's Gesellschaftshaus kommen möge. Dies Gesellschaftshaus liegt wenige Schritte abgesondert von der Stadt, aristokratisch allein, einige hundert Schritte vom Landungsplatze und diesem gegenüber. Es ist der Mittelpunkt fashionabler Badewelt, und auf ganz stattlichem Fuß eingerichtet. Man findet

Mittags dort eine große *table d'hôte*, und Abends Gesellschaft, die sich mit Essen, Trinken, Spiel, Musik und Tanz unterhält.

Ein Schiffer wies mich mit Gepäck und Wohnungsgesuch an sein reizloses Weib, und wir stiegen am Bollwerke hinab auf festem feuchtem Sande – dieser solide Dünensand vertritt hier die Stelle des Pflasters. Eine lange artige Reihe Häuser mit der Aussicht auf den inneren Hafen, welchen die Swine bildet, zieht sich im stumpfen Winkel an diesem Quai hinunter, langsamen Ganges fast eine kleine Viertelstunde einnehmend. Hinter dieser ersten Reihe finden sich noch zwei, drei Straßenschichten, und diese nicht unbedeutende Masse, hinten an einen Föhrenwald und an Sandfläche gelehnt, bildet Swinemünde. Vom Meere ist nichts zu sehn.

Es war in den letzten Tagen des August, und ich konnte annehmen, daß die Wohnungen bereits zum größten Teile verlassen seien; suchte mir also die hübscheste mit einem Treppenaufgange und breit rankenden Pfirsichbäumen geschmückte Villa aus und trat hinein. Da fand sich denn auch eine sehr noble Wohnung, ein großes, gut möbliertes, sogar mit einem Fortepiano geschmücktes, dreifenstriges Zimmer und ein geräumig Schlafgemach. Das gilt in der Saison wöchentlich fünfzehn Taler, daraus kann auf den Preis-Courant im Allgemeinen geschlossen werden; er ist ganz solid und tüchtig, gestattet indessen bei der außerordentlich großen Anzahl von Wohnungen – fast zwei Drittteile des Orts sind zur Aufnahme eingerichtet – die Jedem zusagende Modification. Jetzt, außer der kouranten Badezeit, kostete meine Wahl auch nur den dritten Teil des Saisonpreises. So saß ich denn bald eingerichtet im großen Zimmer einsam und allein, und wie es zu gehen pflegt, wenn man sich auf einige Zeit in neue Räume und neue Zustände einsetzt, das ganze Leben mit seinen tausend Anfängen und Versuchen tritt wie eine Summe vor die Seele. Ich hatte die Fenster geöffnet, es regnete leise draußen, die weißen Raaen der Schiffe leuchteten auf dem Hafen; links und rechts, wo noch Badegäste wohnten, klang Gesang und Saitenspiel, frische Mädchenstimmen flogen wie Vögel durch den dunklen Abend.

Unruhiger ward der Regen, Wind und Sturm erhob sich von der Meerseite her, halb hörte ich das Brausen und Toben der See, die nördlich hinter Swinemünde an die deutsche Küste pocht. Dazwischen klang zu meinem Erstaunen ein gedämpftes polnisches Lied: vier bis fünf Gestalten, dicht von Mänteln verhüllt, strichen schattenhaft durch den Regen vorüber – wie auseinander gerissene Atome fliegt diese Nation mit ihrem Weh in Europa umher, überall begegnet man ihr. Der Sturm verschlang ihre leisen Stimmen, der Regen rauschte, kalt wehte es aus dem Wasser herüber, ich schloß das Fenster, und horchte im Bett dem Toben weiter – vielleicht, dachte ich, ringt ein Schiff draußen auf Tod und Leben mit diesem Wetter, während Du ausruhst von Reise und Drang; das ist die Welt.

Als der Regen etwas nachließ, wollte ich das Meer suchen gehen – ein oberflächlicher Bekannter, oberflächlich für mich und für sich, mit dem ich Gott weiß in welches Herren Land Wein oder Kaffee getrunken hatte, begegnete mir, und suchte mich zu orientieren.

Fast vor allen Häusern in Swinemünde sind kleine Leinwanddächer, sogenannte Marquisen, angebracht, die Sonne mag vom Wasser und Dünensand arg zurückprallen, und schattende Bäume fehlen.

Ich bat meinen Begleiter, mir den Weg nach dem Meere zu zeigen. Dem fernen Donnern nachgehend kam ich in einen Föhrenwald, welcher drei Schritt hinter Swinemünde beginnt, und bis an die Dünen geht. Man nennt ihn Plantage.

So kam ich an die Dünen. Das sind kleine Sandhügel, drei, vier, fünf Schritt hoch, welche das Land vom Meere scheiden. Sie haben den schönsten Streusand.

Ich trat auf die Dünenspitze – Meer! Ostsee!
Schwarzgrün, mit weißem Schaum bedeckt, kam sie
daher, als wollte sie weit hinein in's Land, wenigstens
bis Angermünde oder Neustadt Eberswalde, hielt aber
still an dem ebenen Sandufer, noch eine ganze Strecke
jenseits der Dünen.

Von Ewigkeit, von Unendlichkeit, von Menschen-
kleinheit, von wüster Absolutheit sollt' ich durchdrun-
gen sein, das gilt für die geläufige Art, wie man emp-
findet beim Anblick des Meeres, und wer dergleichen
Empfindung nicht zur Hand hat, das ist ein verwahr-
lostes Geschöpf. Rechts laufen die sogenannten Molen ein langes Stück hinaus in's Meer, an deren Spitze
der Leuchtturm, links tritt die Küste mit den roten

Dächern von Heringsdorf auch ein wenig vor, auf-
dringlich für das Auge – was den Eindruck der Uner-
meßlichkeit betrifft, da ist das Meer nur Meer, wenn
man eben nirgends einen Maßstab sieht.

Seebad Heringsdorf

Wenn ich links und rechts Land sehe, wie hier auf einer Düne bei Swinemünde, wer bürgt mir denn dafür,
daß da hinten der Wasserhorizont meeresweit hinaus-
reiche? Kann nicht gleich dahinter Land sein? Muß ich
denn der Landkarte aus dem geographischen Institute
zu Weimar glauben? In Weimar kann man sich ja auch
mal irren.

Unter die Badehütten, welche vor mir lagen, hatte
sich aber zu abscheulicher Ironie ein kleiner hoffnungs-
voller Pommerknabe geflüchtet, um den Gesundheits-
göttern sein Frühopfer zu bringen, der Bademeister,
welcher so etwas wittern mochte, umkreiste die Anstalt
und überraschte den offenen Pommeraner in Flagran-
ti – es sollte mir heute auch keine Gedankentäuschung
gestattet sein.

Die vor mir liegenden Hütten sind nur das, was
man ein Seebad nennt: auf hölzernen Stegen findet
sich ein Quantum Kammern zum Auskleiden, und
offene Stege führen etwas weiter ins Meer hinein; in

weiße Tempelherrnmäntel gehüllt wandeln die Ent-
kleideten da umher, bis ihnen der Moment kommt,
hineinzuspringen. Kränkere, oder die sich sonst mehr
separieren wollen, finden zwei große Badekutschen,
das heißt mit Leinwand überzogene, auf 4 Rädern
stehende Kasten; diese sind schon so weit hineinge-
schoben in See, daß man von ihnen aus gleich in eine
genügende Tiefe des Wassers steigen kann. Wer bei
mangelndem Wellenschlage das Wasser stürmischer
auf den Leib oder auf bestimmte Teile des Leibes haben will, den versehen Badediener mit genügenden
Kübelstreichen, das heißt sie versetzen ihm aus leder-
nen Kübeln, die etwa wie Feuereimer aussehn, so ge-
schickte Wasserstreiche, als man nur verlangen kann.
In der See selbst ist Hauptsache, die heranbrausen-
den Wellen da aufzufangen, wo sie sich am stärksten
brechen. – Das ist alle Verrichtung und Wissenschaft
eines Seebades.

—— HEINRICH LAUBE, UM 1830

WIE WIR IN SWINEMÜNDE LEBTEN

Wie wir in unserem Hause lebten? Im ganzen genommen gut, weit über unsern Stand und unsere Verhältnisse hinaus. Allerdings schoben sich, speziell auf das Küchendepartement hin angesehen, auch sonderbare Zeitläufte mit ein, so, beispielsweise, wenn wir, in Sommertagen, wegen überreichen Milchertrages, wochenlang im Zeichen der Milchsuppe standen. Alles streikte dann, Appetitlosigkeit vorschützend. Aber das waren doch nur kurze Ausnahmezustände, für gewöhnlich wurden wir gut und zugleich sehr verständig verpflegt, was wir, mehr noch als meiner Mutter, unserer Wirtschaftsmamsel, einer Mamsell Schröder, zuzuschreiben hatten. Von dieser muß ich, ehe ich weitergehe, berichten.

Als wir in Swinemünde eintrafen, war meine Mutter, wie schon in einem früheren Kapitel erzählt, einer Nervenkur halber in Berlin zurückgeblieben, und die Frage trat gleich nach unserer Ankunft an meinen Vater heran, wer inzwischen die Wirtschaft führen solle. Lokalzeitungen gab es nicht, also mußte mündlich herumgefragt werden, und schon wenige Tage später traf ein von einem Boten überbrachter Brief aus der Pudaglaschen Oberförsterei bei uns ein, worin der

Oberförster Schröder anfragte, ob sich seine Schwester uns vorstellen dürfe, sie habe die Wirtschaft in seinem Hause gelernt. Mein Vater antwortete sofort zustimmend und war zwei Tage lang glücklich in der Vorstellung, eine Oberförster-Schwester, noch dazu aus Pudagla, als Wirtschafterin in sein Haus nehmen zu können. Das gab Relief; er fühlte sich wie geehrt. Und am dritten Tage fuhr die Schröder denn auch bei uns vor und wurde seitens meines Vaters empfangen. Er versicherte später, Contenance bewahrt zu haben, doch bin ich dessen nicht ganz sicher, trotzdem ihm sein gutes Herz und seine Politesse den Sieg über sich erleichtert haben mögen. Bei der Schröder aber waren es die Blattern. Indessen was heißt Blattern! Jeder hat einmal von den Blattern heimgesuchte Personen gesehen und dabei den Ausdruck »der Teufel habe Erbsen auf ihrem Gesicht gedroschen« mehr oder weniger bezeichnend gefunden. Jedenfalls ist der Ausdruck sprüchwörtlich geworden. Hier aber wäre diese sprüchwörtliche Wendung eitel Beschönigung gewesen, denn bei der guten Schröder gab es nicht erbsengroße Kuten, sondern halbhandbreite Narbenflächen. Ein Anblick, wie ich ihn nie wieder gehabt habe. Trotzdem, wie schon in Vorstehendem gesagt, kam es zu einem Engagement, und niemals ist ein glücklicheres abgeschlossen worden. Die Schröder war ein Schatz, und als sechs Wochen später meine Mutter, eintraf, sagte sie: »Das hast du gut gemacht, Louis; so entstellt sie ist, ihre Augen sind ihr geblieben und sagen einem, daß sie treu und zuverlässig ist. Und vor Liebschaften ist sie sicher und wir mit ihr. An der werden wir nur Freude haben.«

Und so kam es auch. Solange wir in Swinemünde blieben, so lange blieb auch die Schröder in unserem Hause, von alt und jung geliebt und verehrt, nicht zum wenigsten von meinem Vater, der ihr besonders ihren Gerechtigkeitssinn und ihren Freimut hoch anrechnete.

So viel über die gute Schröder, und nachdem ich ihrer in diesem Exkurse gedacht habe, frage ich noch einmal: »Ja, wie lebten wir?« Ich gedenke es in einer Reihe von Bildern zu zeigen, und um Ordnung und Überblick in die Sache zu bringen, wird es gut sein, das Leben, wie wir es führten, in zwei Hälften zu teilen, in ein Sommer- und in ein Winterleben.

Da war nun also zunächst das *Sommerleben*. Um Mitte Juni hatten wir regelmäßig das Haus voll Besuch, denn meine Mutter hielt noch, nach alter Sitte, zu Verwandten, was wir Kinder nur sehr unvollkommen von ihr geerbt haben. Aber wohlverstanden, sie hielt zu Verwandten, nicht um Vorteile von ihnen zu haben, sondern um Vorteile zu gewähren. Diese Sommermonate, von Mitte Juni an, waren durch die Fülle von Besuch oft reizend, meist junge Frauen aus der Berliner Verwandtschaft, plauderhaft und heiter. Das Haus war dann, auf Wochen hin, total verändert, und Scherz und Schalkhaftigkeit, die sich bis zur Ausgelassenheit steigerten, herrschten vor. Die Streitaxt war begraben, und die glänzendste Nummer in dem sich nun entspinnenden Wettstreite guter Laune war immer mein Vater selbst. Er war, wie oft schöne Männer, das absolute Gegenteil von einem Don Juan, auch stolz auf seine Tugend, aber so undonjuanmäßig er war, so gascognisch entzückend war er, wenn es sich um übermütige, gelegentlich die verwegensten Themata streifende Wortkämpfe mit den jungen Frauen handelte, von welchen letztren er nur forderte, daß sie hübsch seien, sonst verlohnte sich's ihm nicht.

Und nun zurück zu dem Sommerbesuch in unserm Hause. Das junge Weibervolk immer zu vergnügen war mitunter etwas schwer, und es hätte sich vielleicht als unmöglich erwiesen, wenn nicht die Pferde gewesen wären. An fast jedem schönen Nachmittage fuhr der Wagen vor, und diese mit ihrem Besuch uns zeitweilig fast erdrückenden Badesaisontage mögen wohl die einzigen gewesen sein, wo sich meine Mutter, ohne übrigens ihre Grundanschauung deshalb aufzugeben, vorübergehend mit der Existenz von Pferd und Wagen aussöhnte.

Wer Swinemünde kennt, und es kennen es viele, weiß, daß man, bei Nachmittagspartien, wegen hübscher Zielpunkte nicht in Verlegenheit kommt, und auch schon damals war es so wie heute. Da ging es, am Strand hin, bis Heringsdorf oder nach der andern Seite hin, bis an die Molen, am beliebtesten aber, schon um Schutz gegen die Sonne zu haben, waren die Fahrten landeinwärts, entweder durch dichten Buchenwald auf Korswandt zu oder noch lieber nach dem in Nähe des Haffs und des Golms gelegenen Dorfe Kamminke. Da war eine vielbesuchte Kegelbahn, auf der dann auch die Damen mitspielten. War ich dann endlich müde vom Warten, so trat ich durch eine schief hängende, immer knarrende Gittertür in ein Stück Gartenland ein, das dicht neben der Kegelbahn hinlief, und zwar parallel mit ihr. Es war ein richtiger Bauerngarten, Balsaminen und Reseda blühten drin, und an einer Stelle standen die Malven so hoch, daß sie eine Gasse bildeten. Sank dann die Sonne drüben am Walde, so schwamm der nach Westen liegende Golm in einem roten Licht, und die metallne Kugel auf seiner hohen Säule sah, als wäre sie golden, auf das Dorf und den Kegelgarten hernieder. Myriaden von Mücken standen in der Luft, und die Hummeln flogen zwischen den Buchsbaumbeeten hin und her. Mit Beginn des August verließ uns gewöhnlich unser Besuch wieder, und kam dann der September heran, so schieden auch aus der Stadt selbst die letzten Badegäste.

Waren dann die letzten Badegäste fort, so ließen die Äquinoktialstürme nicht lange mehr auf sich warten und setzten sich, wenn es ein schlimmes Jahr war, bis in den November hinein fort. Erst fielen die Kastanien, dann prasselten die Ziegel vom Dach, und aus den Dachrinnen, die immer so angebracht waren, daß sie gerade dicht neben den Schlafstubenfenstern mündeten, stürzte der Regen platschend in den Garten. Dann wieder jagten zerrissene Wolken am aufklarenden Himmel hin, die Luft wurde kalt, alles fror, und den ganzen Tag über stand ein alter Holzhauer in der Remise, bei dem sich nun mein Vater einfand und, die Axt in die Hand nehmend, eine halbe Stunde lang statt seiner das Holz spaltete.

Das gesellschaftliche Leben ruhte während dieser Spätherbsttage, man erholte sich von den Strapazen der Sommersaison und stärkte sich für die Wintergesellschaften. Aber ehe diese kamen, war noch ein mehrwöchentliches Interregnum durchzumachen, die Schlacht- und Backzeit, die letztere schon mit der Weihnachtszeit zusammenfallend.

Mit dem Gänseschlachten fing es an. Eine reguläre Wirtschaftsführung ohne Gänseschlachten konnte nicht wohl gedacht werden. Es handelte sich dabei um mancherlei, zunächst wohl um die Federn zur Herstellung immer neuer Fremdenbetten, vor allem aber auch um die geräucherten Gänsebrüste, die fast so wichtig waren wie die Schinken und Speckseiten im Rauchfang. Waren, kurz vor Martini, die Gänse zu diesem Zweck in genügender Zahl herangetrieben und auf dem Hofe, wo nun ein entsetzliches Schnattern uns eine Woche lang um unsere Nachtruhe brachte, zu letzter Auffütterung eingepfercht, so wurde auch schon der Tag zu Beginn der Festlichkeit festgesetzt. Meist Mitte November.

Diese Schlachtzeit war nämlich zugleich auch die Zeit, wo das aus Gänseblut zubereitete »Schwarzsauer« tagtäglich auf unseren Tisch kam, ein Gericht, das, nach pommerscher Anschauung, alles andre aus dem Felde schlägt. Auch mein Vater hielt es für seine Pflicht, sich dieser landestümlichen Anschauung anzuschließen, und sagte, wenn die dampfende Riesenschüssel erschien: »Ah, das ist recht; davon eßt nur; das ist die schwarze Suppe der Spartaner; – alles Saft und Kraft«, er selber aber suchte sich, geradeso wie wir, das Backobst und die Mandelklöße heraus und überließ die Kraftbrühe der Gesindeschaft draußen.

Unter einem glücklichen Stern stand die Backwoche, wo mit Pfeffer- und Zuckernüssen begonnen und mit Brezeln, Kranz- und Blechkuchen aufgehört wurde. Wir durften nicht nur mit in die Backstube hinein, darin es überaus anheimelnd, nach bitteren Mandeln und geriebener Zitrone roch, sondern erhielten auch, als Weihnachtsvorschmack, eigens für uns Kinder gebackene kleine Wecken, alles reichlich zugemessen. »Ich weiß«, sagte meine Mutter, »daß sie sich den Magen daran verderben, aber das ist besser, wie wenn sie knappgehalten werden. Sie sollen, all diese Zeit über, eine Festfreude haben, und die bringt ihnen ein Festkuchen am besten bei.«

Es war ein sehr heißer Sommer, ich glaube 29 oder 30, und soweit sich's ermöglichte, waren wir im Freien oder machten auch wohl Partien. Unter diesen war auch eine nach der Oberförsterei Pudagla, der, wie schon erwähnt, zu jener Zeit der Oberförster Schröder, ein Bruder unserer Mamsell Schröder, vorstand, ein vorzüglicher Herr, gütig, gewissenhaft, gastlich. Und eines Sonntags fuhren wir da hinaus: meine Mutter und ich und noch zwei jüngere Geschwister. Die Schröder blieb zu Haus, ich weiß nicht, weshalb, ebenso mein Vater, der nicht dabeisein konnte, weil er »Wache « hatte. »Wache haben« war ein terminus technicus und hieß soviel wie, statt des Gehilfen, der seinen »freien Sonntag« hatte, das Geschäftliche persönlich übernehmen, also statt seiner auf »Wache zu ziehn«. Mein Vater fand dies immer etwas »inferior« für einen Mann von seinen Qualitäten, jedenfalls aber sehr langweilig, weshalb er nie unterließ, sich für die Nachmittags- und Abendstunden eine Spielpartie einzuladen. Da zu dieser, wenn irgend möglich, auch die beiden Doktoren der Stadt gehörten, so war er auf die Weise ziemlich sicher, vor Mixturenmischen und ähnlichem bewahrt zu bleiben.

Solche Einladung an zwei, drei Freunde war auch an dem hier zu schildernden Tage ergangen, wir aber fuhren, in aller Frühe schon, auf die Oberförsterei zu, denn es war ein weiter Weg, erst Ahlbeck, dann Heringsdorf, dann Gothen und zuletzt Pudagla selbst, das in einem weiten Bezirk kostbarer alter Buchen lag. Nach dem Strand hin, in einiger Entfernung, erhob sich der Streckelberg, der höchste Berg dieser Gegenden, zu dessen Füßen Vineta gelegen haben soll. Um zehn waren wir draußen, frühstückten und bewunderten zunächst ein junges Reh, das man, in einem Abschlag des großen Gemüsegartens, eingehegt hatte. Dann gingen wir zu Tisch. Gegen vier Uhr, so war das Nachmittagsprogramm, wollten wir in den Wald und dort Kaffee trinken. Es war inzwischen aber so heiß geworden, daß wir den Schatten des Hauses vorzogen und uns in Flur und Küche vergnügten, bis wir aus des Oberförsters Munde hörten, daß ein schweres Gewitter im Anzuge sei. »Dann wollen wir eilen«, sagte meine Mutter, wir fahren gute drei Stunden, bei Dunkelwerden vielleicht noch länger, und mein Mann wird in Unruhe sein, weil er weiß, daß die Kinder sich ängstigen.«

Ob sie dies alles glaubte, denn mein Papa ängstigte sich wenig um uns, weiß ich nicht. Der gute Oberförster aber gab nach, und um sechs fuhr der Wagen vor. Ich kam vorn zu dem Kutscher, einen Strauß mit Erdbeeren in der Hand, der mich zunächst tröstete. »Viel vor neun kommt es nicht herauf«, waren des Oberförsters letzte Worte gewesen, und er schien auch recht behalten zu sollen. Wir litten zunächst wenig von der Schwüle, bis wir, nach fast anderthalbstündiger Fahrt am Strand hin, in den Wald einbogen. Es war zwischen Gothen und Heringsdorf. Und nun änderte sich die Situation sehr schnell, denn kaum daß wir unter den Bäumen waren, so fuhr auch schon ein heller Blitz durch das Dunkel. Von Donner hörten wir nichts. In der Tat, es war zunächst nur Wetterleuchten, aber von solcher Intensität, daß der Wald wie in Feuer stand. Die Pferde wurden immer unruhiger, und als wir bis an die ersten Häuser von Ahlbeck gekommen waren, wandte sich der Kutscher in den Fond des Wagens hinein und fragte, ob wir nicht vor dem Dorfkruge halten und das Wetter abwarten wollten. Aber meine Mutter, in der ihr eigenen Resolutheit, wollte davon nichts wissen. »Nur zu.«

Und so ging es denn weiter. Zunächst zwischen den Häusern und Hütten hin und dann wieder in den jenseits des Dorfes sich fortsetzenden Wald hinein. Das Wetter hielt sich noch immer, und erst als wir wieder im Freien und schon in Nähe des zwischen den Dünen gelegenen, mehrerwähnten Kirchhofs waren, hörten wir ein dumpfes Rollen und sahen, wie sich etliche, vereinzelt umherstehende Kiefern im Winde zu beugen begannen. Es war sicher, das Losbrechen war nur noch eine Frage von Minuten. »Vorwärts.« Aber die Pferde konnten kaum noch, und immer langsamer mahlte der Wagen in dem tiefen Sande. Trotzdem schien alles gut für uns ablaufen zu sollen, das Unwetter gab uns erneuert eine Frist, und als wir unser Haus und die Kirche schon in Sicht hatten, war noch kein Tropfen Regen gefallen. Im selben Augenblicke jedoch, wo wir hielten, gab es Blitz und Schlag zugleich, so mächtig, daß wir erschreckt in unsere Sitze zurückfielen; es mußte ganz in der Nähe eingeschlagen haben, und wolkenbruchartig stürzte der Regen auf uns nieder.

Das Kampieren im Freien war jedesmal ein unendlicher Genuß für mich. Wir hatten verschiedene Lagerstellen; eine war in den tiefen Sandgruben am Kirchhof, eine zweite zwischen den Dünen und eine dritte, mehr landeinwärts, in den Moorgründen, die sich, mit ihren hundert Torfpyramiden und ebenso vielen dunklen Wasserlachen, von den Ausläufern der Stadt her bis nach Korswandt und Kamminke zogen. Aber mehr noch liebten wir eine Waldstelle, nahe bei Heringsdorf, die »Störtebeckers Kul« hieß. Dies war ein tiefes Loch, richtiger ein mächtiger Erdtrichter, drin der Seeräuber Störtebecker, der zu Anfang des 15. Jahrhunderts die Nord- und Ostsee beherrschte, mit seinen Leuten gelagert haben sollte. Gerade so wie wir jetzt. Das gab mit ein ungeheures Hochgefühl, Störtebecker und ich. Was mußte ich für ein Kerl sein! Störtebecker war schließlich in Hamburg hingerichtet worden, und zwar als letzter seiner Bande. Das war mir nun freilich ein sehr unangenehmer Gedanke. Weil es mir aber, alles in allem, doch auch wieder wenig wahrscheinlich war, daß ich der Hamburger Gerichtsbarkeit ausgeliefert werden würde, so sog ich mir, aus dem Vergleich mit Störtebecker, unentwegt allerhand süße Schauer.

Die »Kule« war sehr tief und bis zu halber Höhe mit Laub vom vorigen und vorvorigen Jahr überdeckt. Da lag ich nun an der tiefsten Stelle, die wundervollen Buchen über mir, und hörte, wenn ich mich bewegte, das Rascheln des trockenen Laubes, und draußen rauschte das Meer. Es war zauberhaft. Nur meine Truppe verdroß mich beständig, denn jeder einzelne, mit seiner höchst zweifelhaften Räuberanlage, stellte mir die gewöhnlichste Prosa des Lebens wieder vor Augen. Mein jüngerer Bruder, gutmütig wie er war, nahm immer eine Bierkruke mit aufgelöstem und furchtbar schäumendem Lakritzensaft mit, was meine »Störtebeckerschen«, die sich davon einschenken ließen, »Met« nannten. Zugleich waren meines Bruders Taschen mit einer Unmenge von wurmstichigem Johannisbrot gefüllt, um das man sich, mit einer allerdings halben Räuberenergie, balgte. Mir widerstand das alles, und ich trank Quellwasser, das ich mit der flachen Hand schöpfte. So ging es in der »Räuberkule« zu.

Mir persönlich, so gruselig die Kule war, war übrigens ein etwas näher gelegener Platz fast noch mehr ans Herz gewachsen; das war eine Waldlichtung, auf halbem Weg nach Kamminke, dieselbe Stelle, die schon im Sommer 27, an eben dem Tage, wo wir unsere Einfahrt in Swinemünde hielten, einen so tiefen Eindruck auf mich gemacht hatte.

—— THEODOR FONTANE

LIESCHENS SIEG

Die Eltern wollten diesmal in der Sommerfrische völlige Ruhe haben, darum nahmen sie die Oma mit. Oma, Landpastorenwitwe aus dem Hannoverschen, bei ihrem letzten Besuch vor drei Jahren war sie von den begeisterten Kindern »Brummelchen« getauft worden. Oma konnte den Eltern gut und gerne einmal die neunjährige Helga und den sechsjährigen Dieter abnehmen.

Leider erwies Oma sich als Niete, mehr noch, als Belastung. Der Vater geriet schon innerlich ins Kochen, wenn er die Ohrfeigengesichter seiner Sprösslinge betrachtete, die den Märchen und Sagen aus Omas Mund lauschen sollten. Und dann hatten die Kinder eine verfluchte Manier, mit den engelhaftesten Gesichtern des Himmels Omas hannoversche Aussprache nachzuahmen. Mit liebevollster Besorgtheit erkundigten sie sich nach »Ömäs Umschlägetuch«, nein, verbesserte Helga, nach ihrem »Schööl«.

Am nächsten Tage brach Oma zusammen und löste sich ob der Herzlosigkeit dieser modernen Kinder in Tränen auf; als dann am achten Tag ein versulztes Quallennest in ihren Zugschuhen gefunden wurde, reiste sie ab.

Frei stand es den Eltern, zu überlegen, wie in den letzten drei Wochen der Erholungszeit das noch unter den Berliner Standard gesunkene Nervenniveau des Vaters zu heben sei. Nach dem Satz »Kinder werden am besten von Kindern erzogen« wurde am zehnten Tag ein vierzehnjähriges Fischermädchen aus dem nahen Dorf als Spielgefährte und Aufsicht für Helga und Dieter eingestellt.

In dieser Nacht kamen die Kinder schlecht zum Einschlafen. Erstens war ihnen eine richtige Fischerstochter versprochen, mit Namen Lieschen Ahlf, zweitens war sie auch noch ein Stiefkind, denn ihr Vater hieß Albert Bienenweg. Es war das erste Stiefkind im Leben der Kinder, nach so vielen Stiefkindern der Märchen, und ein Fischer, der Bienenweg hieß, eröffnete neue Horizonte.

Lieschen Ahlf stellte sich ein und war eine grenzenlose Enttäuschung. Mit ihren derben, wollenen Strümpfen, einem schwarz-weiß karierten Sonntagsrock, einem Rattenzopf im Nacken (strohgelb), stand sie ziemlich verlegen vor ihren Schützlingen. Wenn nicht ihre grellen, scharfen Augen gewesen wären, hätten die Eltern gleich wieder den Kampf aufgegeben. So aber erklärte der Vater: »Am besten überlassen wir die drei sich selbst.« Und die Eltern machten endlich einmal einen langen Fußmarsch ganz für sich allein.

»Kratzt dich denn die Wolle nicht?« hatte Helga gefragt und auf die braunen Storchenbeine gezeigt.

»Nää«, hatte Lieschen schön pommerisch breit geantwortet.

»Warum trägst du denn keine Florstrümpfe?« war die zweite Frage gewesen.

»Dat is Wull von uns Schoap!«

»Von uns Schoap!« hatten die Kinder gejauchzt und unter gellendem Kriegsgebrüll einen rasch erfundenen Schafstanz um Lieschen ausgeführt.

Dann waren sie, unbekümmert um ihre Behüterin, an den Strand gestürzt und hatten sich um Verschärfung des Kriegszustandes mit einer Reihe »einfach gräßlicher Kinder« bemüht. Sie hatten, stets gefolgt von dem schweigenden Lieschen, in einer verhaßten Burg mit ihren schwachen Kräften einen Strandkorb umgestürzt, sie hatten die schön aus schwarzen und weißen Muscheln gelegte Inschrift »Nymphenburg« einer bayerischen Feste zerstört, und Lieschen wäre beinahe von einem zornroten Ehepaar in Stücke gerissen worden. Sie rettete sich durch Dooftun und Plattsprechen.

Hätten die Eltern bei ihrer abendlichen Rückkehr nur einen kleinen Teil all dieser und mancher andern Schandtaten erfahren, wäre es wohl rasch mit Lieschens Hüterrolle und Geldverdienst zu Ende gewesen. Da aber Lieschen und die Kinder schwiegen, ging es weiter. Immer das gleiche Lied: zwei unbändige Rangen und ein schweigend folgendes Lieschen.

Bis sie eines Tages sagte: »Morgen kumm ick nich.«

»Neese!« hatte der hoffnungsvolle Dieter geantwortet.

»Wat?« hatte Lieschen gefragt.

Und mitleidig hatte Helga erklärt: »Du hast wohl die Neese voll von uns?«

»Ick möt tu Hus blieven, uns Kauh ward melk. Schall en Kalv kriegen.«

Stillewerden, Stummheit, Schweigen. Gedankenvolle Ruhe von Helga und Dieter.

Am nächsten Nachmittag wurden die Eltern mit rührender Besorgnis zum Schlaf geleitet, die Kinder würden auf dem Grasplatz Ball spielen, bis Lieschen käme.

Den dreiviertelstündigen Weg zum Fischerdorf legten Helga und Dieter in einem fast nicht unterbrochenen Trab zurück. Dann erkundeten sie kühn, sich Hand an Hand haltend, beim Krüger des menschenleeren Ortes das Haus vom Fischer Albert Bienenweg, besahen es sich fünf Minuten von der andern Straßenseite.

Aber nichts rührte sich. Sie klinkten an der Tür. Aber sie war verschlossen. Sie trauten sich auf den Hof. Aber dort waren nur die Hühner.

»Wie findest du das?« fragte Helga empört.

»Hat uns veräppelt«, antwortete Dieter. »Ist doch ausgerissen.«

Dann hörten sie das Muhen einer Kuh, wagten sich an die Stalltür – und standen vor Lieschen.

Aber es war ein verändertes Lieschen, Lieschen nur in einem Hemd, in einem grüngestrickten Unterrock und in Tüffeln. Lieschen war Stallwache, denn Vater Bienenweg war zum Aalstechen auf dem Bodden, und Mutter Bienenweg mußte unbedingt Kartoffeln hacken. Mit Lina würde es wohl erst in der Nacht soweit sein.

»Doar sünd ji joa!« hatte das veränderte Lieschen nur gesagt. »Dat hev ick mi all lang dacht. Sett juck doar rein still up den Stallemmer!«

Und siehe da, Helga und Dieter, die sonst so Überlegenen, setzten sich wirklich fein still auf die umgekehrten Stalleimer und sahen sich nur mit großen Augen im Stall um, der schön sommerlich von Fliegen durchsurrt war. Direkt vor ihnen stand die große schwarzbunte Kuh, schlug mit dem Schweif nach ihren Flanken, warf dann und wann den Kopf leise muhend hin und her und trat ständig von einem Fuß auf den andern.

Nach einer Weile schien es Helga an der Zeit, Erkundigungen einzuziehen. »Wo hat sie denn das Kalb?« fragte sie.

»Du Schoapsmichel!« sagte Lieschen. »In'n Buk!«

Von keinem Menschen hätte sich Helga widerspruchslos Schafsmichel titulieren lassen, jetzt nahm sie es wie selbstverständlich hin. »Wie kann es denn da raus? Schneidest du sie mit dem Messer auf?«

»Dösbartel!« sagte Lieschen nur, aber eine tiefe Verachtung lag darin. »Nu swieg man still. Du stürst Lina bloß.«

Sicher saßen die Eltern jetzt längst am Kaffeetisch, aber es war natürlich kein Gedanke daran, aus diesem geheimnisvollen Stall fortzugehen, in dem immer wieder die Kuh sich unruhig nach den Kindern umsah.

Leise flüsterte Lieschen: »Töv, Lina, töv. Moder möt glik koamen!«

Und Lina drehte den Kopf zu Lieschen und muhte zurück.

Aber sie wartete doch nicht. Plötzlich hatte sie den Schwanz steil in die Höhe gereckt.

»Doar is't all!« rief Lieschen aufgeregt. »Nu möten wi dat Kalv holen! Kumm her, Helga, foat an!«

Und ehe Helga noch wußte, was eigentlich los war, stand sie in ihrem weißen Kleid an der Kuh, die ihr ungeheuer groß vorkam, hatte einen wachsgelben, unendlich zarten Kälberhuf in der Hand ... Und nun kam eine zarte duffe Schnauze zum Vorschein, die blauen Augen, der ganze Kopf ...

Helga schrie auf, aber nicht vor Schreck, sondern aus irgendeinem aufgeregten Glück heraus – und dann war ganz schnell etwas unendlich Langes, Schwarz-Weißes, Seidiges da und schlenkerte zwischen den Kindern zur Erde.

Da lag das Kälbchen zwischen ihnen – atmend mit hastigen Flanken: »Loop, hoal Water, Dieter! Wat mötst du ok daun!« rief Lieschen. »Kumm, Helga, wie möten dat Kalv vörhen na de Kauh trecken!«

Und sie faßten es an und zogen die sechzig Pfund Kalb an den Kopf der Kuh und liefen dann selbst nach

Wasser, denn Dieter versagte vollkommen vor lauter Aufregung. Und sie wuschen dem Kalb das Maul aus: »Dat stickt sünst!« Und sie streuten es mit Salz ein: »Möt Lina aflicken, sünst givt sei nich Melk naug.« Und es war ein Gelaufe und eine Aufregung und frische Streu holen und wieder Warten, bis nach einer halben Stunde das Kalb nun wirklich zum erstenmal torkelnd auf seinen Beinen stand und zum erstenmal nach dem Euterstrich der Kuh schnappte.

Wolken hingen über des Vaters Stirn, als die Kinder nach Haus kamen am späten Abend, böse sah Mama aus und noch böser, als sie Helgas Kleid sah – aber welch andere Heimkehr als nach den Streichen sonst! Es war nur ein Augenblick, und das Bösesein war verflogen und die Wolken waren vergangen. Und es war wieder ein Augenblick, und die bedenklichen Mienen der Eltern lächelten. Die Kinder erzählten und fragten, fragten und erzählten. Und spät erst kamen sie ins Bett.

Aber als die Eltern dann noch später schlafen gingen, tauchte ein weißer Schemen neben Mutters Bett auf.

»Darf ich zu dir kommen, Mama?« fragte Helga, und das war seit ein oder zwei Jahren nicht mehr passiert. So lange war es her, daß die Mutter es nicht einmal mehr wußte. Vater schlief darüber ein, so viel hatten die beiden noch miteinander zu flüstern.

Plötzlich war die Welt ganz anders geworden, aus einer Bresche in der Wand herkömmlichen Lebens war Licht gefallen auf das Kind, ein geheimnisvolles Licht, aus einer geheimnisvollen Zukunft leuchtend.

Und als dann am nächsten Tage, als sei alles wieder im alten Gleis, Lieschen Ahlf, Stieftochter des Fischers Bienenweg, bei den Kindern auftauchte, mit den kratzigem wollenen Strümpfen, mit dem schwarzweiß karierten Rock und dem Rattenschwanz im Nacken – da faßten die Kinder beide dieses selbe Lieschen bei der Hand und liefen mit ihr gegen den Wald, voll des Entschlusses, sich von ihr Geschichten erzählen zu lassen, andere Geschichten, als Brummelchen erzählt hatte – dieselben uralten Geschichten, nur in anderer Fassung.

Das Märchen war zu ihnen gekommen, plötzlich waren die sinnlosen Streiche und Zänkereien weit weg. Irgend etwas Neues war eingetreten in ihr Leben, es konnte mit Helga wachsen, man konnte dessen nicht überdrüssig werden, es ging immer mit – Dieter freilich war noch zu klein, er würde es wieder vergessen.

—— HANS FALLADA

ABEND AM STRAND

Abendglühgold zittert auf träumender See.
Eine Möwe zieht ihre einsamen Kreise.
Auf dem Wasser treibend, ein Boot.
Und leise, leise

Bringt mir der Wind eine müde Weise. –
Närrisches Herz, was stimmt dich so weh?

—— JOACHIM RINGELNATZ

HEIMAT

Das schönste an der Heimat ist
geboren dort zu sein
das schönste an der meinen ist
der Möwen Flug und Schrei'n.

Das schönste an der meinen ist
die Luft so klar, so rein
es wird für mich mein Eiland stets
die schönste Heimat sein.

—— GÜNTER RADDATZ

QUELLENNACHWEIS

Elizabeth von Arnim: Elizabeth auf Rügen, aus: Elizabeth auf Rügen, Frankfurt am Main/Berlin 1989.

Johannes R. Becher: Das Meer, aus: Ausgewählte Gedichte, Berlin/Weimar 1952.

Johannes R. Becher: Sommer, aus: Ausgewählte Gedichte, Berlin/Weimar 1952

Dietz Buchhierl: Sommer auf Usedom, aus: Sommer auf Usedom, Berlin 1995.

Gudrun Busch: Bekanntschaft, aus: Jeder Tag ist ein kleines Leben, Frankfurt 1991.

Günter Grass: Die Heringe der Ostsee, aus: Fundsachen für Nichtleser, Göttingen 1997.

Mascha Kaléko: Im Sand, aus: Das lyrische Stenogrammheft, München.

Annemarie Koffler: An der Ostsee. © bei der Autorin.

Günter Kunert: Impressionen am Meer, aus: Anthologie 56. Gedichte aus Ost und West. Herausgegeben von Jens Gerlach, Berlin 1956.

Max Kruse: Am Meer, aus: Mein Herz beginnt zu schweben. Liebesgedichte, Wien 2013.

Max Kruse: Hiddensee, aus: Mein Herz beginnt zu schweben. Liebesgedichte, Wien 2013.

Siegfried Lenz: Ein Bein für alle Tage, aus: Der Geist der Mirabelle. Geschichten aus Bollerup, Hamburg 1975.

Siegfried Lenz: Vogelinsel, aus: Schweigeminute, Hamburg 2008.

Georg Lentz: Mein Lieblingsplatz auf der Insel, aus: Wo Berlin baden geht. MERIAN Deutsche Ostseeküste, Mai 1994. © beim Autor.

Thomas Mann: Das Meer, aus: Buddenbrooks. Verfall einer Familie, Frankfurt am Main 1997.

Thomas Mann: Mein Lübeck, aus: Lübeck als geistige Lebensform (Separatdruck), Lübeck 1926.

Péter Nádas: Heiligendamm, aus: Buch der Erinnerung, Hamburg 1991.

Günter Raddatz: Heimat, aus: Malerisches Usedom. Herausgegeben von Reinhard Meyer, Bad Neustadt 1994.

Eva Zeller: Rügen 1944, aus: Fliehkraft. Gedichte. Stuttgart 1975.

Der Verlag dankt freundlich für die erteilten
Abdruckgenehmigungen. Trotz sorgfältiger Recherche war
es ihm nicht möglich, sämtliche Rechteinhaberinnen oder
Rechteinhaber ausfindig zu machen. Lizenz- und Honorar-
ansprüche noch nicht urheberrechtsfreier Autorinnen
und Autoren bleiben in jedem Fall gewahrt. Der Verlag bittet
daher, ihm entsprechende Ansprüche mitzuteilen.

ISBN 978-3-85179-474-8

© 2021 by Thiele & Brandstätter Verlag GmbH, Wien

Herausgegeben von Johannes Thiele
Gestaltet und gesetzt von Christina Krutz
Gedruckt von GGP Media
Umschlagbild von Hermann Seeger (1875-1945)

www.thiele-verlag.com